國家出版基金項目
NATIONAL PUBLICATION FOUNDATION

陝西出版資金資助項目

「十二五」國家重點圖書出版規劃項目

**關學文庫·關學文獻整理系列**

總主編 劉學智 方光華

# 薛敬之張舜典集

[明] 薛敬之 張舜典 著
韓星 點校整理



西北大學出版社

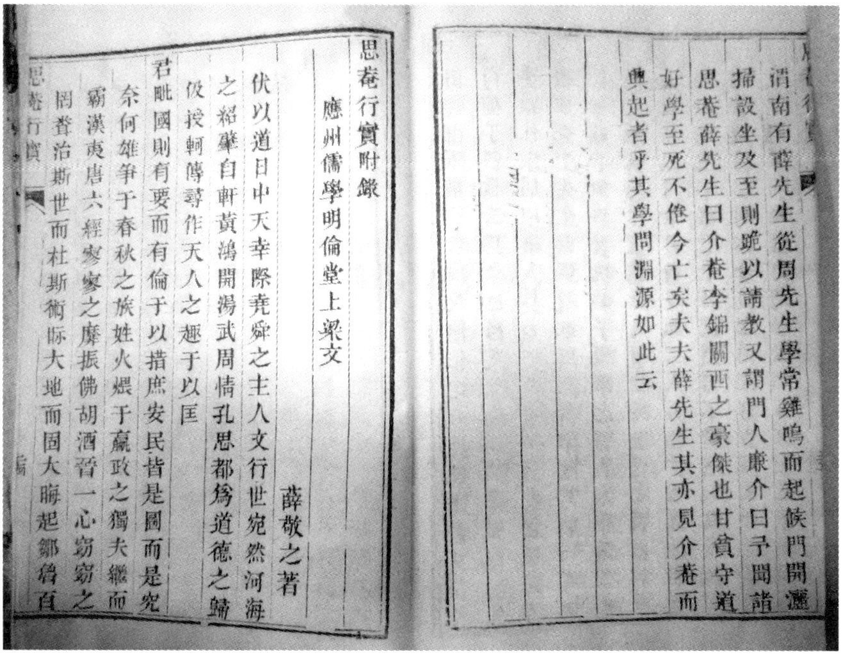

渭南有薛先生從周先生學常雞鳴而起候門開灑
掃設坐及至則跪以請教又謂門人廉介曰予閱諸
思菴薛先生曰介菴李錦關西之豪傑也甘貧守道
好學至死不倦今亡矣夫夫薛先生其亦見介菴而
興起者乎其學問淵源如此云

思菴行實附錄
應州儒學明倫堂上梁文
薛敬之著
伏以道日中天幸際堯舜之主人文行世宛然河海
之紹肇自軒黃鴻開湯武周情孔思都爲道德之歸
伋授軻傳尋作天人之趣于以匡
君毗國則有要而有倫于以措庶安民皆是圖而是究
余何雄爭于春秋之族姓火熄于嬴政之獨夫繼而
霸漢夷唐六經寥寥之靡振佛胡酒晉一心窈窈之
罔耆治斯世而杜斯術际大地而固大晦起鄒魯百
思菴行實

《思菴先生野録》書影（清咸豐元年渭南武鴻模刻本）

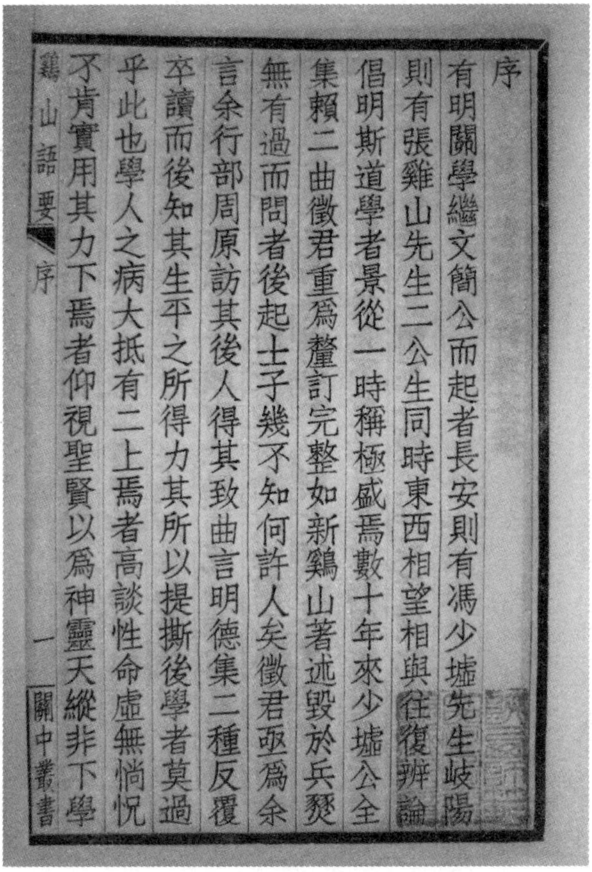
序

有明關學繼文簡公而起者長安則有馮少墟先生岐陽則有張雞山先生二公生同時東西相望相與往復辨論倡明斯道學者景從一時稱極盛焉數十年來少墟公全集賴二曲徵君重爲釐訂完整如新鷄山著述毀於兵燹無有過而問者後起士子幾不知何許人矣徵君亟爲余言余行部周原訪其後人得其致曲言明德集二種反覆卒讀而後知其生平之所得力其所以提撕後學者莫過乎此也學人之病大抵有二上焉者高談性命虛無惝怳不肯實用其力下焉者仰視聖賢以爲神靈天縱非下學



《關中叢書》第三集《雞山語要》書影

# 總序

張載（一〇二〇—一〇七七），字子厚，宋鳳翔府郿縣（今陝西眉縣）人，祖籍大梁，宋仁宗嘉祐二年（一〇五七）進士。張載出身於官宦之家。祖父張復在宋真宗時官至給事中、集賢院學士，死後贈司空。父親張迪在宋仁宗時官至殿中丞、知涪州事，贈尚書都官郎中。張迪死後，張載與全家遂僑居於鳳翔府郿縣橫渠鎮之南。因他曾在此聚徒講學，世稱「橫渠先生」。他的學術思想在學術史上被稱爲「橫渠之學」，他所代表的學派被後人稱爲「關學」。張載與程顥、程頤同爲北宋理學的創始人。可以説，關學是由張載創立并於宋元明清以至民國初年，一直在關中地區傳衍的地域性理學學派，亦稱「關中理學」。

關學基本文獻整理與相關研究不僅是中國思想學術史的重要課題，也是體現中國思想文化傳承與創新的重要舉措。關學文庫關學文獻整理系列以繼承、弘揚和創新中華文化爲宗旨，以文獻整理的系統性、全面性爲特點，是我國第一部對上起於北宋、下迄於清末民初，綿延八百餘年的關中理學的基本文獻資料進行整理的大型叢書。這項重點文化工程的完成，對於完整呈現關學的歷史面貌、發展脈絡和鮮明特色，彰顯關學精神，推動傳統文化創造性轉化、創新性發展無疑具有重要意義。因爲文庫關學文獻整理系列的各部分均有整理者具體的前言介紹和點校説明，我這裏僅就關學、關學與程朱理學的關係、關學的思想特質、關學文庫關學文獻整理系列的整體構成與學術價值等談幾點意見，以供讀者參考。

## 一、作爲理學重要構成部分的關學

衆所周知，宋明理學是中國儒學發展的新形態與新階段，一般被稱爲新儒學。但在新儒學中，構成較爲複雜。比較典型的則是程朱理學與陸王心學。南宋學者呂本中較早提到「關學」這一概念。南宋朱熹、呂祖謙編選的近思録較早地梳理了北宋理學發展的統緒，關學是作爲理學的重要一支來作介紹的。朱熹在伊洛淵源録中，將張載的「關學」與周敦頤的「濂學」、二程（程顥、程頤）的「洛學」并列加以考察。明初宋濂、王禕等人纂修元史，將宋代理學概括爲「濂洛關閩」四大派别，其中雖有地域文化的特色，但它們的思想内涵及其影響并不限於某個地域，而成爲中國思想文化史上重要的一頁，即宋代理學。

根據洛學代表人物程顥、程頤以及閩學代表人物朱熹對張載關學思想的理解、評價和吸收，張載創始的關學本質上當是理學，而且是影響全國的思想文化學派。過去，我們在編寫中國思想通史第四卷、宋明理學史上册的時候，在關學學術旨歸和歷史作用上曾作過探討，但是也不能不顧及古代學術史考鏡源流的基本看法。

需要注意的是，張載後學，如藍田呂氏等，在張載去世後多歸二程門下，如果拘泥門户之見，似乎張載關學發展有所中斷，但學術思想的傳承往往較學者的理解和判斷複雜得多。關學，如同其他學術形態一樣，也是一個源遠流長、不斷推陳出新的形態。關學没有中斷過，它不斷與程朱理學、陸王心學融合。明清時期以至民初，關學的學術基本是朱子學、陽明學的傳入及與張載關學的融會過程。因此，由宋至清末民初的關學，實際是中國理學的重要組成部分，它是一個動態的且具有包容性和創新性的概念，它開啓了清初王船山學術的先河。

關學文庫關學文獻整理系列所遴選的作品，結合學術史已有研究成果，如宋元學案、明儒學案、關學編及關學續編、關學宗傳等，均是關中理學的典型代表，上起北宋張載，下至晚清的劉光蕡、民國初期的牛兆濂，能够反映關中理學的發展源流及其學術内容的豐富性、深刻性。與歷史上的關中叢書相比，這套文庫文獻整理更加豐富醇純，是對前賢整理文獻思想與實踐的進一步繼承與發展，其學術意義不言而喻。

## 二、張載關學與程朱理學的關係

佛教傳入中土後，有所謂「三教合一」説，主張儒、道、釋融合滲透，或稱三教「會通」。唐朝初期可以看到三教并舉的文化現象。當歷史演進到北宋時期，由於書院建立，學術思想有了更多自由交流的場所，從而促進了學人的獨立思考，使他們對儒家經學箋注主義提出了懷疑，呼喚新思想的出現，於是理學應時而生。理學主體是儒學，兼采佛、道思想，研究如何將它們融合爲一個整體，這是一個重要的課題。從理學產生時起，不同時代有不同的理學學派。譬如，在「三教融合」過程中，如何理解「氣」與「理」（「理」的問題是迴避不開的，華嚴宗的「理事説」早在唐代就有很大影響）的關係？理學如何捍衛儒學早期關於人性善惡的基本觀點，又不致只在「善」與「惡」的對立中打圈子？如何理解宇宙？宇宙與社會及個人有何關係？君子、士大夫怎麽做才能維護自身的價值和尊嚴，又能堅持修齊治平的準則？這些都是中國思想史中宇宙觀與人生觀的大問題。對這些問題的研究和認識，不可能一開始就有一個統一的看法，需要在思想文化演進的歷史進程中逐步加以解决。宋代理學的產生及不同學派的存在，就是上述思想文化發展歷史的寫照，因而理學在實質上是中國思想文化的傳承創新，具有重要的歷史意義。

張載關學、二程洛學、南宋時朱熹閩學各有自己的特色。作爲理學的創建者之一，張載胸懷「爲天地立心，爲生民立命，爲往聖繼絕學，爲萬世開太平」的學術抱負，在對儒學學説進行傳承發展中做出了重要的理論貢獻。北宋時期，學者們重視對易的研究。易富於哲理性，張載通過對易的解説，闡述對宇宙和人生的見解，積極發揮禮記、論語、孟子等書中的義理，并融合佛、道，將儒家的思想提升到一個新的高度。

張載與洛學的代表人物程顥、程頤等人曾有過密切的學術交往，彼此或多或少在學術思想上相互產生過一定的影響。宋仁宗嘉祐元年（一〇五六），張載來到京師汴京，講授易學，曾與程顥一起終日切磋學術，探討學問（參見二程集河南程氏遺書卷二上）。張載是二程之父程珦的表弟，爲二程表叔，二程對張載的人品和學術非常敬重。通過與二程的切磋與交流，張載對自成一家之言的學術思想充滿自信：「吾道自足，何事旁求！」（呂大臨横渠先生行狀）

因爲張載與程顥、程頤之間爲親屬關係，在學術上有密切的交往，關學後傳不拘門戶，如呂氏三兄弟呂大忠、呂大鈞、呂大臨，蘇昞、范育、薛昌朝以及种師道、游師雄、潘拯、李復、田腴、邵彦明、張舜民等，在張載去世後一些人投到二程門下，繼續研究學術，也因此關學的學術地位在學術史上常常有意無意地受到貶低甚至質疑（包括程門弟子的貶低和質疑）。事實上，在理學發展史上，張載以其關學卓然成家，具有鮮明的特點和理論建樹，這是不能否定的。反過來，張載的一些觀點和思想也影響了二程的思想體系，對後來的程朱學說及閩學的形成也有重要的啓迪意義，這也是客觀的事實。

張載依據易建立自己的思想體系，但是，在基本點上和易的原有内容并不完全相同。他提出「太虛即氣」的觀點，認爲沒有超越「氣」之上的「太極」或「理」世界，換言之，「氣」不是被人創造出的產物。又由此推論出天下萬物由「氣」聚而成；物毁氣散，復歸於虛空（或「太虛」）。在氣聚、氣散即物成物毁的運行過程中，纔顯示出事物的條理性。張載說：「太虛不能無氣，氣不能不聚而爲萬物，萬物不能不散而爲太虛，循是出入，是皆不得已而然也。」（正蒙卷一）他用這個觀點去看萬物的成毁。這些觀點極大地影響了清初大思想家王船山。

張載在西銘中說：「乾稱父，坤稱母。予兹藐焉，乃混然中處。故天地之塞，吾其體；天地之帥，吾其性。民，吾同胞；物，吾與也。」天地是萬物和人的父母，人是天地間藐小的一物。天、地、人三者共處於宇宙之中。由於三者都是氣聚之物，天地之性就是人之性，所以人類是我的同胞，萬物是我的朋友，歸根到底，萬物與人類的本性是一致的。進而認爲，人們「尊高年，所以長其長；慈孤弱，所以幼其幼。聖，其合德；賢，其秀也。凡天下疲癃殘疾、煢獨鰥寡，皆吾兄弟之顛連而無告者也」。這裏所表述的是一種高尚的人道主義精神境界。

二程思想與張載有別，他們通過對張載氣本論的取捨和改造，又吸收佛教的有關思想，建構了「萬理歸於一理」的理論體系。在人性論方面，二程在張載人性論的基礎上進一步深化了孟子的性善論。二程贊同張載將人性分爲「天地之性」和「氣質之性」。但二程認爲「天地之性」是天理在人性中的體現，未受任何損害和扭曲，因而是至善無瑕的；「氣質之性」是氣化而生的，也叫「才」，它由氣禀決定，禀清氣則爲善，禀濁氣則爲惡，正因爲氣質之性不可避免地受到了「氣」的侵蝕而出現「氣之偏」，因而具有惡的因素。在二程看來，善與惡的對立，實際上是「天理」與「人欲」的對立。

朱熹將張載氣本論進行改造，把有關「氣」的學說納入他的天理論體系中。朱熹接受「氣」生萬物的思想，但與張載的

# 薛思菴先生野録

［明］薛敬之　著

邑人武鴻模重梓

氣本論不同，朱熹不再將「理」看成是「氣」的屬性，而是「氣」的本原。天理與萬事萬物是一種怎樣的關係？朱熹關於「理一分殊」的理論回答了這一問題。他認爲：「太極只是個極好至善的道理。人人有一太極，物物有一太極。」又說：「太極非是別爲一物，即陰陽而在陰陽，即五行而在五行，即萬物而在萬物，只是一個理而已。」（朱子語類卷九四）「理一分殊」理論包括一理攝萬理與萬理歸一理兩個方面，這與張載思想有別。

總之，宋明理學反映出儒、道、釋三者融合所達到的理論高度。這一思想的融合完成於兩宋時期。張載開創的關學爲此做出了重要的學術貢獻。正如清初思想家王船山所說：「張子之學，上承孔孟之志，下救來茲之失，如皎日麗天，無幽不燭，聖人復起，未有能易焉者也。」（張子正蒙注序論）船山之學繼承發揚了張載學說，又有新的創造。

## 三、關學的特色

關學既有深邃的理論，又重視經世致用。這可以概括爲以下幾個方面：

首先，學風篤實，注重踐履。黄宗羲指出：「關學世有淵源，皆以躬行禮教爲本。」（明儒學案師說）躬行禮教、學風樸質是關學的顯著特徵。受張載的影響，其弟子藍田「三呂」也「務爲實踐之學，取古禮，繹其義，陳其數，而力行之」（宋元學案呂范諸儒學案），特別是呂大臨。明代呂柟其行亦「一準之以禮」（關學編）。清代的關學學者王心敬、李元春、賀瑞麟等人，依然守禮不輟。

其次，崇尚氣節，敦善厚行。關學學者大都注意砥礪操行，敦厚士風，具有不阿權貴、不苟於世的特點。張載曾兩次被薦入京，但當發現自己的政治理想難以實現時，毅然辭官，回歸鄉里，教授弟子。明代楊爵、呂柟、馮從吾等均敢於仗義執言，即使觸犯龍顏，被判入獄，依舊不改初衷，體現了大義凜然的獨立人格和卓異的精神風貌。清代關學大儒李顒，在皇權面前錚錚鐵骨，操志高潔。這些關學學者「窮則獨善其身，達則兼善天下」，體現出「富貴不能淫，貧賤不能移，威武不能屈」的「大丈夫」氣節。

最後，求真求實，開放會通。關學學者大多不主一家，具有比較寬廣的學術胸懷。張載善於吸收新的自然科學成果，不斷充實豐富自己的儒學理論。他注意對物理、氣象、生物等自然現象做客觀的觀察和合理的解釋，具有科學精神。後世關學學者韓邦奇、王徵等都重視自然科學。三原學派的代表人物王恕以治易入仕，晚年精研儒家經典，強調用心求學，用心考證，求疏通之解，形成了有獨立主見的治國理政觀念。關學學者堅持傳統，但并不拘泥於傳統，能够因時而化，不斷地融合會通學術思想，具有鮮明的開放性和包容性特徵。由張載到「三呂」、呂柟、馮從吾、李顒等，這種融會貫通的學術精神得到不斷承傳和弘揚。

## 四、關學文庫關學文獻整理系列的整體構成與學術價值

關學文獻遺存豐厚，但是長期以來沒有得到應有的保護和整理，除少量著作如正蒙、涇野先生五經說、少墟集、元儒考略等在清代收入四庫全書之外，大量的著作仍以綫裝書或手抄本的形式散存於陝西、北京、上海等地的圖書館或民間，其中有的已成孤本（如韓邦奇的禹貢詳略、李因篤的受祺堂文集家藏抄本），有的已殘缺不全（如南大吉集收入的瑞泉集殘本，現重慶圖書館存有原書，國家圖書館僅存膠片；收入的南大吉詩文，搜自西北大學圖書館藏周雅續）。即使晚近的劉光蕡、牛兆濂等人的著述，其流傳亦稀世罕見。二十世紀七十年代以來，中華書局出版了張載集，并將藍田呂氏遺著輯校、關學編、正蒙合校集釋、涇野子內篇、二曲集等收入理學叢書陸續出版，這些僅是關學文獻的很少一部分。全方位系統梳理關學學術文獻仍係空白。

關學典籍的收集與整理，是關學學術研究的重要基礎。這次關學文庫文獻的整理與編纂者在全國范圍的圖書館和民間廣泛搜集資料，一是搶救性發掘整理了一批關學文獻，二是對一些文獻以新發現的版本進行比對校勘、輯佚補充，從而使關學文庫關學文獻整理系列成爲目前最能反映關學學術史面貌，對關學研究具有基礎性作用的文獻集成。關學文獻整理系列圖書共涉及關學重要學人二十九人，編訂文獻二十六部，計一千八百六十餘萬字。這些文獻分別是：張子全書、

藍田呂氏集、李復集、元代關學三家集、王恕集、薛敬之張舜典集、馬理集、呂柟集涇野經學文集、呂柟集涇野子內篇、呂柟集涇野先生文集、韓邦奇集、南大吉集、楊爵集、馮從吾集、王徵集、王建常集、王弘撰集、李顒集、李柏集、李因篤集、王心敬集、李元春集、賀瑞麟集、劉光蕡集、牛兆濂集以及關學史文獻輯校等。其中的韓邦奇集、南大吉集、李柏集、李因篤集、牛兆濂集屬于搶救性整理；李復、王恕、薛敬之、呂柟、馬理、楊爵、王建常、王弘撰、王心敬、李元春、賀瑞麟等學人文獻屬于首次系統整理出版；張子全書、藍田呂氏集、李顒集、劉光蕡集、關學史文獻輯校是在進一步輯佚完善的基礎上整理出版的。總之，關學文獻整理的系統性和全面性得到了體現。

關學文庫文獻整理力圖突出全面性、系統性和深度整理的特點。就全面性和系統性而言，就是保證關學史上重要學人的文獻資料不被遺漏，這裏所選的二十九位學人，都是關學史上較爲重要的和代表了關學發展某一環節的學人。其中如張載、藍田「三呂」、馬理、呂柟、楊爵、馮從吾、王弘撰、李顒、李柏等人的著作集，是迄今文獻收集最爲齊全的。同時對於有關關學史的文獻也進行了全面系統的搜集和整理，如關學史文獻輯校，不僅重新點校整理了馮從吾的關學編，收録和點校整理了王心敬、李元春、賀瑞麟以及由劉光蕡、柏景偉重加整理校勘的關學續編，還首次點校整理了清末民初張驥的關學宗傳，并從諸多史書中輯録了一些零散的關學史資料，使之成爲目前能全面反映關學史面貌的文獻輯校本。關學文庫關學文獻整理系列，以豐富的關學史文獻，證明了「關學之源流初終，條貫秩然」，關學有其自身發展演變的歷史。就深度整理來說，關學文獻整理系列遵循古籍整理的傳統做法，采用繁體字、豎排版，標點、校勘，并對專用名詞做下劃綫處理。其目的不僅在於使整理與編纂者在文獻整理中提高自身的學術素養，同時也爲以後文獻研究者提供方便，推動關學研究深入開展，這也是關學文庫關學文獻整理系列圖書出版的重要目的。

關學文庫係「十二五」國家重點圖書出版規劃項目、國家出版基金項目、陝西出版資金資助項目，得到了中共陝西省委、陝西省人民政府、國家新聞出版廣電總局以及陝西省新聞出版廣電局的大力支持。文庫的組織、編輯、審定和出版工

作在編輯出版委員會領導下進行，日常工作由陝西省人民政府參事室（陝西省文史研究館）和西北大學出版社負責。本文庫歷時五年編纂完成，凝結着全體參與者的智慧和心血。總主編劉學智、方光華教授，項目總負責徐曄、馬來同志統籌全書，精心組織，陝西師範大學、西北大學、西北政法大學、中國人民大學、華東師範大學、鄭州大學等十餘所院校的數十位專家學者協力攻關，精益求精，體現出深沉厚重的歷史使命感和復興民族文化的責任感；他們孜孜矻矻，持之以恒，任勞任怨，樂於奉獻，以古人爲己之學相互勉勵，在整理研究古代文獻的同時，不斷錘煉學識，砥礪德行，努力追求樸實的學風和嚴謹的學術品格。出版社組織專業編輯、外審專家通力合作，希望盡最大可能提高本文庫的學術品質。作爲文庫編輯出版委員會主任，我謹向大家卓有成效的工作表示衷心的感謝。由於時間緊迫、經驗不足等原因，文獻整理中存在的疏漏差錯難以完全避免。希望讀者朋友們在閱讀使用時加以批評指正，以便日後進一步修訂，努力使文庫文獻整理更加完善。

張豈之

二〇一五年一月八日

于西北大學中國思想文化研究所

# 目録

## 雞山語要　［明］張舜典　著

# 點校說明

薛敬之（一四三五—一五〇八），字顯思，號思菴，陝西渭南人。五歲即喜讀書，不與同齡小孩戲耍，尊儒重道，鄉人以「道學」呼之。稍長從蘭州周蕙（號小泉）遊，究心理學。每天聞雞即起，到周家門前等候開門。進門後掃灑設座，跪而請教，執禮甚恭。從此，就有了「周門候啟」的典故。景泰七年（一四五六），薛敬之爲渭南學生。自爲學生，舉止端嚴，不同於流俗。十六七歲即應鄉試。應鄉試十二次，成績總居上等。提學皆優異之，不以學生待之。成化二年（一四六六），被縣上推薦入太學。觀其言行舉止，太學生們都驚呼關西又出了個橫渠。在太學裏，他與開創江門學派的廣東新會人陳獻章齊名。

太學期間，二老相繼去世，聞聽噩耗，悲痛欲絕，下葬时他竟赤腳哭號奔葬。當時積雪盈尺，泥濘遍道，亦不知避，後因此落下終生腳疾。母親愛吃韭菜，母去世後，他終生不忍食韭。

成化二十一年（一四八五），薛敬之被提拔爲山西應州知州。當時多以進士、舉人爲知州，而薛敬之卻以歲貢生員獲得任用，可見其在當時的影響。在應州任上，他鼓勵民衆耕稼紡績。春耕時，他親到田間視察。有家庭困難者，就送給種子。民貧不能婚喪者，給予資助。買母畜數十，送與孤獨，令其繁殖。不三四歲，應州積粟四萬餘石，乾蔬萬餘斤。後來遇上荒年，應州民衆免於餓死，還有三百餘家逃荒者返回，皆予衣食，修葺其屋。又立義塚，埋葬死於道者。獲盜賊，不輕貸，故道不拾遺。尤重學政，常爲窮學生提供燈油紙筆。他倡導在應州修建了儒學明倫堂，並親筆撰寫了上梁文。應州人爲其德政所感，爲其立有生祠，還立有應守薛君政德碑記石碑，以報先生。薛敬之的政績，不僅爲老百姓稱道，也得到了朝廷認可。史稱其「奏課（官吏的考核成績）爲天下第一」。時巡撫諸老，深異先生，累薦於朝，「謂先生學行、才術，非徒止區區郡邑已也」。弘治九年（一四九六），薛敬之遷金華同知，東南學者陳聰等數十人登門求教。在金華爲官二年，即辭職回家。

歸鄉十年後，正德三年（一五〇八）二月二十七日，薛敬之卒於家，終年七十又四。曾師於薛的關學大家、禮部侍郎高陵學者呂柟爲其撰寫了碑文，史載葬於渭南西五里鋪之南。

薛敬之以道自任，學必希聖，用力勤苦，其學淵源孔、曾、思、孟，直接周、張、程、朱。作爲關學重要傳人，其思想上承河東薛瑄，下啟高陵呂柟，爲學歸本於心，詳於理氣之辨，以存心養性爲宗旨，以靜坐力行爲工夫，形成了自己獨特的思想體系，爲明代中期儒學發展帶來了新的活力，同時也推動了明代關學的中興，在關學乃至宋明儒學發展史上都佔有重要的學術地位。因其政績學業的貢獻，死後入陝西會城、渭南鄉賢祠，陝西通志、山西通志、渭南志、關學編等書有其傳略，記其生平事跡。著述甚富，如心說、性說、定性、定性書、洙泗言學録、爾雅便音、禮記通考、歸來稿、田疇百詠集若干卷，但因歷經多次地震，大都佚失，現僅存思菴野録與若干首詩文。

所著思菴野録乃讀書得悟，学橫渠心中有思即便劄記，皆從身心體驗中流出，對其學說多有闡發，是研究薛敬之理學思想的重要資料。該書三卷，初刻於明嘉靖年間，門人郭壐傳於晉，文孫祖學傳於蜀，千頃堂書目、販書偶記著録。此書原刊本今佚，現存有清咸豐元年（一八五一）渭南武鴻模刻本（陝西師範大學圖書館藏）、清咸豐六年（一八五六）刊本（陝西師範大學圖書館藏）、清光緒九年（一八八三）刊本（陝西省圖書館藏，据清咸豐元年（一八五一）渭南武鴻模刻版重印，卷末有光緒癸未（九年）樸園氏重印跋）、民國二十四年（一九三五）陝西通志館印關中叢書本（陝西省社會科學院、陝西省圖書館、西北大學、陝西師範大學均藏）。上海書店出版社一九九四年據關中叢書本影印思菴野録三卷，作爲叢書集成續編正式出版。

本次整理薛思菴先生野録以清咸豐元年（一八五一）渭南武鴻模刻本爲底本，同時參關中叢書本等刻本。武鴻模本題名思菴先生野録，扉頁題「咸豐元年季冬，邑人武鴻模重梓」，乃薛敬之六世孫薛楹於萬曆乙酉（一五八五）遍搜遺編，得野録三卷、文一篇、詩八首而編成，經馮從吾訂正，其外甥張翼明捐俸付梓。咸豐初年，邑人武鴻模闡發幽潛，復有續刊之舉。該書卷前有馮從吾等人撰寫的序文和作者小傳，內附薛敬之六世孫薛楹編思菴薛先生行實、賓興彩旗聯等。關中叢書本乃取武鴻模本排印，卷首冠以墓誌，原刻行實一卷從略，最後有長安宋聯奎、蒲城王健、渭南武樹善的跋。所以，比較起來武鴻模本内容較多，版本較早，故以之爲底本。

本次整理又增加了薛敬之六篇軼文、明史本傳、明儒學案卷七河東學案上薛敬之、奏議大夫金華府同知思菴先生薛公墓誌銘、關中叢書思菴野録跋爲附録。其中呂柟撰奏議大夫金華府同知思菴先生薛公墓誌銘出明萬曆二十年刻涇野先生文集卷三十四，因與底本中呂柟撰明奉政大夫金華府同知進階朝列大夫薛先生墓誌銘文字差異較大，爲了保持原貌，特全文收録作爲附録。

點校原則如下：一、混用字逕改不出校。通假字、古今字、異體字等遵原版本貌不擅改動。二、凡版本不同，字有異者或有訛、脱、衍、倒者，出校列出或説明。

韓星

# 薛思菴先生野録序

鄒元標

我夫子生周末，欲從先進。夫先進，當時所謂野人者，夫子意「禮失而求之野」云爾。思菴先生筆記曰：「野録者，果野人乎哉！天地之撰，神明之德，即一起居食息之微，該而存焉。」今所謂先進也，嘗與馮仲好先生追思關中大儒曰「横渠之後有吕仲木氏」，而仲好先生曰：「吕先生曾師思菴薛公。薛公當時有周廷芳先生者，戍蘭州。先生察其學淵源伊、洛，遂師事之。衆爭異之，先生服勤有加。後，周求父，客死於外，不知所往，先生語及輒泣下。其慕學如此。」大司馬翼明、張公公彌甥也，述先生自爲諸生，方正嚴肅，諸生多嚴事之。貢入太學，太學諸生咸曰：「關西又生一横渠矣。」守應州，刺金華，慕古爲政，兩郡人尸祝之。至於爲文驅虎而虎斃，逐狐而狐滅，祝井而井泉洌，此皆至德而通於神明，非聲音咲貌所能爲也。夫世儒爲詬病者，大都其説洸洋，使人之聞也驚，而稽其行，與所言大相背刺，若先生謂篤信好學者非耶。近世儒好言心，野録數千言，反覆叅究曰「堯此心，桀亦此心，只是幾不審」。曰「学者切须先識得心，方好着力」。曰「千古聖賢，非是天生底，只是明得此心」。曰「立命者，还自盡心上来。盡心便知性，知性便知天，知天便知命之所以然。修身以充此心，不貳以守此心，命於是立。豈在天不在我哉」！言甚辨。但今之學主於一切放下，先生主於收斂謹嚴。由一切放下，心體未透即流於猖狂；由收斂謹嚴，雖未必心融神解，然不失先儒矩矱，而可以挽末流，開來學。此仲好先生思欲傳先生録，命予引其端，亦從先進深思也。予，深山野人，三復斯録，能無啟予。嗟乎！先生精光沉含百餘年，今始昭明。魯有君子，詎不信夫！

天啟癸亥歲冬月吉旦，賜進士第資德大夫正治上卿太子少保都察院掌院事左都御史前吏部左侍郎侍經筵在告吉水鄒元標撰

# 薛思菴先生野録序

孫丕揚

野録者，思菴薛先生探索聖藴，從事博文，有得則筆而自識者也。嘉靖間，祖學孫氏已刻於蜀，而傳未廣也。萬曆中六世孫庠彦楹，思宏祖美，合先生行實而并刻之，問序於我。我惟道脈之傳，寄於賢喆也，猶元化之主宰於宇宙也，不可間也。故每數百年，天必生哲人，以發揮之。蓋自魁星五聚，大儒四興，由宋而來，亦將幾百歲矣。是天之有意於文明時也，以故成宏嘉、隆，歷有聞人。河東若薛文清氏，關西若吕文簡氏，南海若陳白沙氏，各有著述，以名海内，而思菴先生則并興於渭上者也。今考其録，大而持載覆幬，細而三千三百，幽而造化鬼神，明而綱常政事，靡不精思而明辨之。至於養心之説，更口口不置，豈非博學詳説以求至約邪！視世之深造未加，大本未立，大學格物，中庸至誠，曾未一造其藩籬，乍见良知便指爲聖。甚者九千仲尼，七十曰仁，直自負爲千古無前之人豪，安得不惑人心而亂正道也！其誠僞何霄壤也！故稽其素履于鄉黨，平易近民，油油然與之言而不厭其言也。於成均名行著稱，譪譪與共學而不倦其誨也。比施於有政，尤得民心，守州則應州化，貳府則金華孚，名豈虚立，人豈虚附哉！迨其殁也，邑人稱之；祀于邑，省人稱之；祀于省，是不庶幾没世不忘哉！斯可以觀先生學之有本，誠之動物矣。昔孟子論人以楊、墨，能距者爲聖人之徒。當此良知横行之時，先生卓有真識，而切切然緣博求約，宛然聖功家法，非聖人之徒而能若是與？有志希聖者，循先生之録，尋先生之志，亦可以優入聖域哉！

萬曆歲在戊申夏，賜進士第資德大夫正治上卿太子少保吏部尚書食進一級俸侍經筵在告頻陽豊山千仞洞主人立山孫丕揚撰

# 薛思菴先生野録序

馮從吾

明興當成（宏）〔弘〕間，太和醲郁，化理翔洽，海內真儒，於斯爲盛，若思菴薛先生其一也。先生之學，以「存心」爲宗旨，以「求靜」「力行」爲功夫，自少至老，斤斤矩矱，不少屑越，故所著野録，皆從身心體驗中流出。凡天地鬼神之奥，人倫物理之長，靡不研窮究極，而尤惓惓歸重于此心。如曰：「學者第一要心存，心一有不存，便與道畔。」又曰：「人心一靜，萬理咸集。」又曰：「心之本體，本無一物，但有動則有物。」又曰：「心不可一時放下，放下便與天地間隔，與天地不相似。」諸如此語，皆切近精實，不詭於洙、泗、濂、洛之旨。讀書居業三録而後未有也。夫心學之傳，肇自虞廷，而孔子一生學問，只在「從心所欲不踰矩」。至孟子而發明心性，更無餘藴，此萬世學者之準也。自孟子歿而異端熾，有佛氏者出，而談心談性抗焉，欲高出于吾儒之上，而「心性」二字爲其所竊據，由是爲吾儒者，遂絕口不敢談，曰恐蹈佛氏之宗也。以心性讓佛氏，以事功、節義、文章歸吾儒，心學晦蝕，令人遺本體而騖作用，自誤誤人。歷漢、唐、五代，幾千有餘年，至宋儒出而心性之學始恢復吾儒之舊，良足爲千古一快！而猶謂佛氏明心見性。夫明心見性非吾儒不能，而謂佛氏能乎哉！彼所明者不過人心，所見者不過氣質之性，其于吾儒所云道心，所云義理之性，蓋茫乎未之有窺也。心學不講而曰我能學，是後世枝葉之學，豈孔門根本之學哉？先生孜孜學問，而知歸重于此心，可謂知所本矣。抑余于先生又有感焉。周廷芳先生，由今日觀之，固卓然有道儒者也；由當日觀之，特一軍人耳。而先生首執弟子禮師事之，跽而求教，步趨惟謹，即此一念虚心，所以終身成就至此。彼沾沾之士，少有所得，即高其舉趾，傲世凌物，不復求益，視先生爲何如？昔楊龜山既登第，始立雪程門；朱晦翁同安任滿，猶徒步執贄延平。古之大儒，其作用原自不凡。讀先生語録，又當自先生虚心處求之可也。吾關中理學，自横渠後必推重高陵呂文簡公。而文簡公之學，又得之先生。關學淵源，良有所自。先生著述甚富，後屢罹地震，多逸去。先生六世孫楹從余學，近始得野録三卷，遺稿數首，行實一帙示余。余稍爲訂正，而先生外甥張翼明兵憲，捐奉殺青。翼明之高誼，楹之孝思，均有足多者，則先生德入之深，可益知也。余讀先生野録，因書此，以識嚮往。若先生履，若行語，在文簡公誌，及余關學編傳，今俱刻行實中，不復贅云。

萬曆歲在庚戌春三月之吉賜進士文林郎巡按直隸等處監察御史前翰林院庶吉士長安後學馮從吾撰

# 思菴先生野録序

劉春

道學之名，古無有也。蓋自濂、洛諸儒得不傳之緒于遺經，而筆之于書，以詔後世。故士之志于道德者，無不宗之，而亦各以所得之淺深修于身，行于家，達于國，以自見于世。三綱賴之而不晦，九疇賴之而不斁，而乃以道學名之。史家遂有道學傳，其于世教，固非小補也。自是，時君世主以是育材，學士大夫以是效用，未有能捨之而不由者。顧其間隨所志而末流不同，則迷途之惑，鮮能領解而抉擇耳。豈道學之使然哉！余頃家居，偶得渭南薛思菴野録，觀之，則見其格物窮理，恒置心焉。而於經書或應接有所自得者，間亦附見。至于養心之論，則若數數焉不置。蓋謂心者萬化之原，士之所以自立於世者恒于此出，未有心不得其養，而能異于夫人者。即其所録，是豈入耳出口于諸儒之論者乎！繼視其所履，則初舉于太學，以名行著稱，士多從之遊。久之受命知應州，仕終金華同知。其爲政，務惇教化而一本于愛民澤物之心，故在任人咸感仰，至爲立生祠，迄今猶思之不衰。其所自立如此。是録也，門人渾源郭璽所輯。其孫祖學舉進士，知内江縣，恐久而湮沒無聞，乃入于梓，屬余序之。於戲！覩于此者，亦因其所志，而上溯濂、洛之源，庶有所得，以不墜于流俗哉！思菴諱敬之，顯思其字，而其孫祖學内江之政，亦克繩其祖武云。

正德十有二年歲次丁丑八月既望，賜進士及第資政大夫禮部尚書前翰林學士經筵日講官同修國史東川劉春序

# 思菴先生野録序

郭璽

道源于天而散于萬物，備于人而克盡于聖人，是天者道之所自出，聖人者道之所自立也。是道具于心而爲性，形于身而爲倫，散于事而爲理。不以古今爲有無，不以聖愚爲加損，羲、軒以之而皇天下，堯、舜以之而帝天下，湯、武以之而王天下，伊、周以之而相天下，至于孔、孟則又以之而啓天下。夫皇則行之，帝則行之，王則行之，相亦行之矣，而孔、孟也，不皇不帝不王不相則啓之也，故宜而其啓之也，豈得已哉！所以悲天命而憫人窮也。與之耳目而使之視聽也，立之規矩而使之方圓也，故于詩、書則刪之，禮、樂則定之，周易則贊之，春秋則修之，于人心則正之，邪説則息之，詖行則距之，淫辭則放之，使羲、軒、堯、舜、禹、湯、文、武、周公之道，粲然大明，如日中天，豈但行之于一時而已哉！行之于一人而已哉！然則，孔、孟非特有功于列聖，仰亦有功于天地矣！顧不偉歟！及孟子殁而世乏其人，則其傳遂泯。然天運循環，無往不復，殆及有宋，五星聚奎，群賢繼作，若周、若程、若張、若朱，之數子者，或爲圖，或爲書，或爲傳，或爲解，皆所以闡性命之源，剖天地之奥，發孔、孟之所未發，而有功於斯道也！斯亦至歟！自宋以來，寥寥五百餘年，而斯道湮晦，殆有甚焉。幸而我朝列聖相承，體天宏化，仁漸義摩，甄陶熔鑄，是以和氣洋溢於兩間，人文丕昌乎四海，于是我師崛起關西，得華山、渭水之秀，實有以萃天地之中和，鍾山川之秀麗，德性不假于修爲，而文物猶資于考究，于是傍搜天下之書，朝誦而暮味之，心潛而身體之，凡于天地升沉之會，陰陽消長之機，鬼神幽冥之故，鳥獸草木之宜，人倫日用之常，治亂興亡之迹，無一而不研究其極，惟日孳孳不知所至。凡有所得，輒便劄記，雖至夜分猶必爇火書之，與張子備遺忘之意同。二十三年來，雖片紙隻字，悉收藏之。不得已于成化二十年，膺上簡命，來守應州，去僕鄉渾源相東西，距百里。僕昔見遇于京時，觀其形神迥異，光采灼然，就而叩之，遂執僕之手而勉以聖賢之學，僕即喜之自謂：「師在是矣！」歸而告諸母，母亦喜而言曰：「吾兒慕聖賢久矣，今果得其人，吾兒之幸也！」不數日即奉母還鄉，往而授業門下。至今五六年，雖祁寒暑雨，此志未嘗少懈。一日，我師言於後堂曰：「我有旧藁，藏諸巾笥久矣，子盍取而録之，以備參考。」及開笥視之，俱載道之言。遂同應之上舍王君廷伯、鄉進士合君文囦、陳君邦圖謄録成編，展而閲之不勝喜。誦其造化之妙，人物之理，浩浩蕩蕩，渾渾噩噩，天地于是乎覆載，日月于是乎照臨，風霆于是乎鼓舞，雨露于是乎潤澤，陰陽于是乎消長，鬼神于是乎屈伸，鳥獸于是乎胎卵，草木于是乎蕃植，人才于是乎賢否，治亂于是乎闗繫，存亡于是乎管轄，五常于是乎克盡，五典于是乎克敦，羲、軒于是乎永皇，堯、舜于是乎永帝，湯、武于是乎永王，伊、周于是乎永相，孔、孟于是乎永啓，而周、程、張、朱之學于是又賴以益明而永著。噫！何其盛哉！皆自吾師胸中流出，寔非天啟，其衷克爾耶！猶不自滿，假題其藁曰思菴野録，則知吾師待天下後世有在矣！時諸友咸序諸端，僕忝在門下，不能不序。其自若太極一圖，定性一書，洙泗言學録及心説又自各爲一書，屢請不允出，故不及之以俟。

（宏）〔弘〕治六年歲在癸丑菊月渾源門人郭壐頓首拜識

# 重刻薛思菴先生野録序

武訪疇

余讀關學編而嘆道學之傳，莫盛於關中，有宋橫渠直接洙、泗之統，至明則有渭南之薛思菴、高陵之呂仲木、長安之馮少墟，皆其卓卓然。仲木曾師事思菴，而少墟則嘗序思菴，則思菴之學爲當時所推重可知已。道光壬寅，余權篆渭邑，閲邑乘，慨然想見先生之爲人，思購其遺書而不可得。庚戌仲夏，邑人武子廉泉將重梓先生所著思菴野録，乃得殘本於銘若王氏者，持以示余，披讀再四，益歎先生之學有淵源，語皆心得，并嘉武子植品之正，嗜學之深，爲能表彰先聖而嘉惠後學也，因復加以校正而爲之序。

賜進士出身前知陝西鳳翔府事崞陽武訪疇芝田謹序

# 思菴野録引

薛思菴

張子曰："心有所開處，輒便劄記，不然則還塞之矣。故每于静坐，凡有所開處輒便記之，雖至更深雞啼之際，亦自爇火書之。"其苦心焦思，擬之周、程，其力最勇。故其所得，凡天地萬物，陰陽消息之理最切，以其根于所自故也。僕自三十年來，頗會知讀書，又得見小泉周先生廷芳之後，亦嘗求静。凡每有所得，亦效張子之意，不問晝夜，頃刻輒便書之，以備遺忘。積一二十年，不覺有如此，藏之巾笥，以遺子孫。成化二十年，守應攜之官邸，以爲皆精神所萃，不敢遺棄，特因制滿之期，命諸生謄録成編。故序之，以識歲月云。

(宏)〔弘〕治六年秋九月重陽前一日思菴書

# 思菴野録卷上

渭南薛敬之著
外元孫張經世校梓

邵子冬至吟謂「元酒味方淡」。「元酒」謂姤卦，「方淡」則陰微矣。「太音聲正希」。「太音」謂復卦，「正希」則陽尤未通矣。是陰雖微而未始盡，陽雖生而未始泰，正冬至之界限也。

未應不是先，已應不是後，觀于晝夜寒暑可見。

看來天下害道者大抵因其近似，惟其近似所以亂真，如錫之似銀，銅之似金，只在纖細辨之耳。

近來言語覺傷易，是心有走作處。

教人切當語其可及者，不然非但不知，抑且以爲妄，無益也。

上交諂非君子也，下交瀆亦非君子也。知易者，克盡其道乎！

天以困窮拂鬱於我者，正以厚我之生，任我之大也，我何不心天地之心哉？苟不心天地之心，則爲負天人。凡有德于人而人尚不爲之負，況天之厚我，任我而我惟之負乎！

困鬱者德之造，利達者身之災。非知道之君子鮮不爲累，故孔子處困而亨。

吾道之泰否，元氣之升沉，夫何足怪？日用飲食有不知也。

爲治之患得失，其于道也可知。

堯、舜心也，紂、桀心也，曷聖愚之一分乎！曰有幾焉，君子不可不審。

處事最不可有私，有私便事窒如水壅也，積而必濫。

言學不志于道，不知所學者何事。

學者須知所學爲何事，然後知所向慕，則其趨自不差謬，不然，學其學而非聖賢之學，不過成一鶻突人耳。

學不難力行，惟難行之不力，則學亦不堅。

有宋以來，學者入道莫勇于吳草廬，朱子之後一人而已。

或問山川出雲何也？曰凡天皆陽也，凡地皆陰也。陰生于陽，陽生于陰。雲，陽氣也，何地不出？但山川陰氣之所萃，尤盛者也，出之，人望之則翁翁然如蒸；地亦出也，而人不之覺，亦如山川之人不覺也。今風鼓之陰霾昏冥便是雲，以山川言者，舉其尤萃者也。

「太極」二字，括盡天地萬物之理，以總萃而言。或謂太極以天地萬物之前而言者，非也。亦有謂以天地萬物之後而言者，亦非也。朱子曰：「太極者，象數未形而其理以兆之」，稱形氣已具而其理無，朕之目須合此而後方知「太極」字之意，豈可以天地萬物之前後爲言！

心不可一時放下，一刻放下，但放下便不存。

存心只是收斂謹嚴在腔子裏面來，不令片時放去外邊，久久成熟，自然覺有進處。

心或不定便煩躁瞶亂，隨氣浮沉，自不爲底主；若定則有主，亦自不爲氣所擾侵，不亦賢乎！

心乘氣以管攝萬物，而自爲氣之主，猶天地乘氣以生養萬物，而亦自爲氣之主。

掃去一分塵垢，則光靜一分田地，人之于欲也亦然。

觀蘇洵之上田樞密書，如棄天、褻天、逆天之言甚可愛，見其胸襟闊遠宏博，有以自天處之氣象，若近于吾道。爭後來退居，肆力于文章的乎？孟、韓、遷、固、孫、吳之儔獻策與權書其志，欲用言，是自食其卑，求幸其言之意。又欲身之所貴，亦是自食其卑，求用其道之言，實所以褻天。惜乎！一狂者耳，于道何有哉！

昔讀禹貢書，但知九州于楮冊。今讀禹貢書，則自不覺其九州之疆土，數萬里之田賦宛如在胸中矣。

禹貢書自是與九丘書相類。

仲尼寬猛之說，破萬世涖官者之蔽也。

義理不得於心，自與書視之不相干，而能處貧賤富貴者幾希！

一身皆是氣，惟心無氣。隨氣而爲浮沉出入者，是心也。人皆是氣，氣中靈底便是心。故朱子曰：「心者，氣之精爽。」

萬事莫不有則，分定故也。苟能知之，則心自無胡越，故常泰而無不足。不能識其則且分鮮有，視勢而憤驕貪侈，爲氣之所取誣者也。悲夫！則在天地萬物間是個本然底界限，識之坦然，則自無些子冰炭到胸中來。

爲人而不忠，豈惟欺人，抑亦欺心，罪孰大焉？

歸去來辭有從容自得之氣象，非內重而外輕者不足語此。惜乎！晉世天荒，彼君子則但寄聲於墨客之流也歟。良可悲夫！

心切不可放實，實則道無從而入，非善學者也。

目者，神之出入戶牖也。一不得其正，則神反罷矣。

伐國不問仁人，諱惡也。

心實與自滿類，心虛與自謙侔。招損受益，而虛實其兆乎！

存得一分心在，見得一分理在，學者則頃刻失其養乎！

心本是個虛靈明透底物事，所以都照管得到。一有私欲，便却昏蔽了，連本體亦自昧塞，如何能照管得物？

學者始學，切須要先識得此心是何物？此氣是何物？心主得氣是如何？氣役動心是如何？方好着力進裏面去。

千古聖賢，非是天生底，只是明得此心分曉。

心學功夫，自別是一段氣力。

孔子繫辭於易，其六四卦之精華，爻畫之根柢也。

張天琪昔常言：「自約數年，自上牀着便不得思量事」，此雖非自然，亦可謂操存之謂也。若自然則非天琪也。

「小德川流」是已發之中也，時中之中也；「大德敦化」是未發之中，大本之中也。「晬面盎背」，非有物粧點，然不知道者，不足以語之。

「晬面盎背」足以見有道者氣象，學者需要識得。

天地間凡有盛衰強弱者，皆氣也，而理無盛衰強弱之異。先儒謂「至誠貫金石」，則理足以馭氣矣。

心者理之天，善之淵也。養心者，則天明淵澄而理與善莫不渾然發外也。

一日令僕炒米作湯，清滙可美，客曰：「何不濃？」曰：「精米去殼，其性猶生，故不能伏於水而爲水所化也。炒則死其性，故能伏於水而不與水合，自無生意。以此觀之，凡物性生者其氣和，物性死者其氣浮。和則與物合，適足以成味；浮則與物絕，適足以敗人。養生者何不知所擇哉！」客嘿然亦曰：「以一物而知性，則生可養矣！」

太高之言者，其志肆；太儒之言者，其心弱。肆則蕩而無節，弱則沮而無爲。其皆爲性之害者不細。

放言而不顧理適足以亡心，顧義而後有言，是乃以存心。是言可不慎乎！論語曰：「君子一言以爲智，一言以爲不智，言不可不慎也！」又曰：「不知言，無以爲君子也。」蓋知言者，慎之也。未有不慎而能知言者也。慎者以心而言，知言者以行而言。

言蕩則心蕩，行失則德失。

學問驕人，富貴驕人，清濁雖不同，其爲害則一也。

譬如人說那個沒性，那個沒才，只是不曾加問學之功以充之，便說沒有才。所以孟子說才就性上說，是自源頭處論，後只是被這氣質溷濁了。有個善底不善底才亦在這裡邊，所以程子便說「氣清則才清，氣濁則才濁」，之論是自氣質上論。以斯觀二說，究理不若孟子論才之當，就人易曉處不若程子論才之切。併而言之，其揆一也。

心定則氣定，氣橫則心橫，但比洪字較放也。

河圖天象也，其中十數五五，相南北，是亦地方也，天包乎地也。洛書地象也，其陰數二四六八，居四隅，是亦天圓也，地承乎天也。天未始不統乎地，地未始不承乎天，天地相得而後萬物和。河圖、洛書亦未始不相表裡經緯，如劉歆之說。

衿高之人只是外慕之心重，氣高也。氣高無制，無制則流於惡不遠矣。

心有所守則氣自無不制，氣無不制者心之馭氣也，無制者氣之馭心也。故曰「志，氣之帥也；氣，體之充也。」學者切需要節氣，氣但不節，則近名外慕之心生，遂流蕩忘返而無所存主，其何以讀天下之書，論天下之事，而欲有以達古人之地哉？

余每未接人，自盟其心曰：「言切不可妄也，色切不可走也。」及至人來接者，言或有妄，色或走，必返而大颺曰：「是何如此也？轉而卻如此做，卻如此得，亦卻不至如初盟者？」由是觀之，只是心馭氣不定，若定而後能靜，自無如此般勞攘。

孟子謂立命者，然命之立還自盡心上來。盡心便知性，知性便知天，知天便知命之所以然。修身但以充此心，不貳以守此心，命於是立，豈在天而不在我哉！

孔子鄉黨一篇，其五經之根柢乎！

心虛則能受道，滿則道無從而入。故曰：「惟學遜志。」易曰：「知進退存亡而不失其正者，其惟聖人乎！」

妻無再事之夫，臣無再事之君。故管伊吾、王珪、魏徵之不足稱也。

中庸書本無「庸」字。若無「庸」字，則中之理便虧欠。所以，子思添個「庸」，便見得「中」之道只是平常底道理。

天地生生未嘗毫髮止息，心之生生亦未嘗毫髮間斷，以人與天地相參。苟或氣以役之而失其體統，欲以蔽之而驕其縱逸，便沮于心而塞其生生之源，不惟於天地不相似，抑且爲天地之所拘。

西銘一篇，一舜之事耳。

聖其合德，是合其乾坤、塞躰〔一〕、率性、宗子、長幼、卑慈之德。賢其秀也，秀比合德，爲少勉焉。但與人之粹然有爲矣！合德是周子性焉安焉之謂，秀是周子復焉執焉之謂。

或謂：「目不能夜視，何也？」曰：「人之氣不能勝天之氣故也。」曰：「有謂月本無光，借日以爲光。人之眼亦無光，亦借日之光以爲光。」曰：「非也。月借日之光，類也，人非日月之類乎！〔二〕如目借日之光，則耳之聽借誰之聽以爲聽？然日月，天地陰陽之精；目，人之陰陽之精。象也，以象之相似，以氣之不相似也。日月之精氣，乃萃諸天地之氣以爲氣，故能燭諸天地萬物而無遺，各以晝夜而有間。人爲天地所軀慤〔三〕，目之精氣乃萃諸人之精氣以爲氣，故能燭諸人之身而無遺，則以晝夜而有殊。燭天地者，天地之氣也。燭人者，人之氣也。不能如天地之燭者，氣不能如天地，氣有限也。日晝而月夜，故人之晝寤而夜寐，不能夜視，氣不能勝也。豈有借光之理乎！況陰陽各一其性，人之萃陰陽而成質哉！程子亦曰：『耳目能聽不能遠者，氣有限也。』」

自一陰一陽而生八卦，至三而成列，不易之定位也。自八而十六，自十六而三十二，自三十二而六十四，卦復成列。自六十四又演三而至五百十二，卦復成列。自五百十二又演三而至四千九十六，卦復成列。自四千九十六卦累至二十四晝則成一千六百七十七萬卦，七千二百一十六變，三而成列，復三而成列。引而伸之，觸類而長之，蓋未知有終極也。八卦而三成列，終不變也。是八卦之數，次第先後迺天地自然挨排以定，有非人之巧力造爲之。

復之上十四卦而位離，離陽卦也，其中陰爻以限陽。姤之來亦十四卦而位坎，坎陰卦也，其中陽爻以限陰。是坎爲陽之中，離爲陰之中。故列在左右以爲中，而爲三四之位也。過離則陽之極，過坎則陰之極。

---

〔一〕「躰」，關中叢書本皆爲「軆」，乃「體」的俗體字，下據以改。
〔二〕「乎」，關中叢書本爲「也」。
〔三〕「慤」，關中叢書本爲「殼」。

自乾抵復三十二卦，自坤抵姤亦三十二卦。復姤爲乾坤交互之機，一消長也。乾至姤陽極陰生，至復一陽生；乾抵復三十二卦，亦自一消長也。坤至剥陰極陽生，至姤一陰又生；坤抵姤三十二卦，亦自一消長也。以次序，乾至姬已四陰，至復五陰，只存乾。初爻本陰極也，論一氣自下即生爻也，以生序復至姬生二陽矣。以次序，坤至大過已四陽，至姤五陽，亦只存坤。初爻本陽極也，論一氣自下亦即生爻也，以生序姤至大過生二陰矣。姬、大過又爲復、姤之次，夫剥爲乾坤之次也。姤陽體而爲復之陰，復陰體而爲姤之陽，是復姤爲乾坤之交互。夬陽體而亦生剥之陰，剥陰體而亦生夬之陽，是夬剥爲乾坤之門户。復終于乾、兑、離、震之卦，而河圖二七三八之數畢矣；姤終于巽坎艮坤之卦，而河圖四九一六之數畢矣。學者當潛心而玩焉。

心之虚靈以本體言，心之神明以虚靈言，心之知覺以性情言。

賦予萬物生生不已，則曰「天命」；化育流行、各以其時則曰「天道」；沖漠無朕、化育自然則曰「天理」；生物不已、各有其德則曰「天德」。曰命、曰道、曰理、曰德，名雖不同，本諸一太極也。

學者第一要心存心，一有不存便與道畔。

思慮多實亂心，心一亂雖思慮奚爲也。

一日早於廳良久，東方猶未白，冷氣酷烈，遂默而有覺，天地未闢之前正此狀也。久之轉而氣溫，所以天地一闔闢也。

春秋一天地也，晝夜一春秋也。氣之慘舒，無非自然。

氣中有質，質中有氣，二句切未穩當。不若氣便有質，質便有氣，轉卻一兩字更切實。

朱子曰：「心者氣之精爽。」此一句萬世之下論心者捷徑。已然、未然只是論心之發与未發，何豫于心之本體？已然便是感而遂通，未然便是寂然不動。此心之體用未及其心，欲識心者不越此一句，明白了脱。

言天下萬物舉不足動吾之心，方可學道。或一動之，即便糅雜于胷〔二〕中，而有以輕其所當重，重其所當輕，馳騖于外而爲其所不爲。

自堯、舜、孔、孟、周、程、張、邵、朱子以來，聖賢相傳，然後知心乃一致，其他不勝其多。

繫辭曰：「數往者順，知來者逆。」夫「逆」易數也，雖先天如此。其生卦陽道左旋而生，其數亦往。自乾而至泰八卦本乾而生，自履而至臨八卦本兑而生，自同人而至明夷八卦本離而生，自无妄而至復八卦本震而生。陰道右旋而生，其數亦來。自坤而至否八卦本坤而生，自謙而至遯八卦本艮而生，自師而至訟八卦本坎而生，自升而至姤八卦本巽而生。亦此可見，復之爲卦，其序本自乾而生，陽中未必無陰，伏羲之卦也。以文王之卦言之，陰極陽生而復又爲乾之始。至乾爲老陽也。姤之爲卦，其序本自坤而生，陰中未必無陽，伏羲之卦也。以文王之卦言之，陽極陰生而姤又爲坤之始。至坤爲老陰也。復實陰也而一陽生，姤實陽也而一陰生。是復未必不爲陽卦，而姤未必不爲陰卦也。故陰爲陽之母，陽爲陰之父。程子曰：「陰陽無始」，其復姤之謂乎！

心最〔三〕不可實，實則沮于進，便與聖賢有天淵之隔。

心最不可有一毫凝滯于物，纔有凝滯便是心之病痛，非古人田地。事至物來，隨來隨應，自無擾攘之患。

上旬月自下而生，光自外掩，故缺東；下旬月自上而縮，光自内退，故缺西。進退之義也。

理義之言，便覺氣爽神融，殊甚痛快！

凡事理有不勝，則雖匹夫匹婦，亦必見屈。

妄言只是心不存，心存則誠。

---

〔二〕「胷」：關中叢書本皆爲「胸」，乃「胸」的異體字，下同。

〔三〕原書爲「冣」，關中叢書本皆爲「最」，下據以改。

信不立則言必屈。

立信必在勇，不勇則不決，不決而反見辱。勇，美德也，無節則過而爲兇。

「易有太極，是生兩儀，兩儀生四象，四象生八卦，八卦定吉兇，吉兇生大業。」此聖人說畫卦之由，以一陰陽爲倍言也。「太極」與「大業」相承，而意亦相屬。太極言者，以兩儀、四象、八卦、吉兇而寓乎其中，統體言之也；大業言者，以兩儀、四象、八卦、吉兇而散諸萬事，各分而言之也。太極統體大業，大業各具乎太極，始終言之也。

太極相必聖人時已有人言之者，故聖人于易體貼得見有太極之理，故曰「易有太極」云者。若太極始自聖人發，不應如此云云者。然無極實自周子，因此極而始發，所以繼承絕學于千百載之後，直接聖人之傳，不啻如橫一木於海濤，令人不覺駭嘆，謂之有功於聖門大矣！

心便是個官人，性便是個印信，情便是那文書，命便是那文書上說得事物。文書或寫得好歹，說得利害緊慢，便喚做才。這一弄事物，不是氣怎麼做的便喚作氣。故心、性、情、命、才、氣本同一衮的物事，更何異？朱子曰：「一衮來說的甚好！」

或問程子曰：「名山大川能興雲致雨，何也？」曰：「蒸成耳。」有人問余曰：「不謂地之蒸成乎？」曰：「安有山川而不謂之地乎？」觀物張氏則曰：「雲雷自地而升。」豫卦則曰：「雷出地奮。」由是觀之，以見無地而不興雲雷也。但山則萃氣之高處，人獨見之，烏有山川興雲致雨而不預于地乎？況地陰也，天陽也，必陰陽相得而後成雲雨，未有地之氣升而天不應之，天之氣降而地不乘之者。

理定則自不爲氣所浮揚。

天下不可謂無人。

孔子繫辭只是六十四卦，推六十四卦只是八卦，返八卦只是二儀，萃二儀又只是一元。知一元之理則知二儀，知二儀之理則知八卦，知八卦之理則知六十四，知六十四卦之理則知繫辭。約而言之，伏羲、文王、周公、孔子不外於一心矣。千古聖賢一心也，不能一者私也。私則町畦立而同室相彼此，況千古之遠乎！

一日于夢中覺有語曰：「天日清明，萬里無一點雲翳混在中間，即是天之清明氣象。一有雲翳昏霾，亦便是濁氣混淆。觀于聖人可見。」自醒後一一存想此言，不知此心如何有這言語，因記之以備參考。

心最不可欺，一有所欺便自不安。纔自不安，覺之者神也。故曰：「心者，神明之舍。」

嗜欲最戕心，而能於此斬截斷鮮矣。故曰：「無以飢渴之害爲心害，則不患不及人矣。」

人心一靜，而萬里咸集靜，非知天之要乎？

心但有存便有天地氣象，不見其有一物足以動其中，何也？心體本大，第患物欲淆雜而不能存耳。

聖賢千言萬語，須體貼嚮自己身心上方覺有味，若不如此，只是做一場話說。

晝之思，夜之夢，皆心之動，只是爭箇意之有無而已。

看周、程之書，便能疏通心渠，了脫垢滓，自然令人會省牽轉活動處。

明道再見周茂叔時，有「吾與點也」之意，是纔會得天理妙處如此。

「出門如見大賓，使民如承大祭」，只是使人不令放下心。若心一放下，便不如此。不放下心便是敬。敬便心存，即是不放下也。

德無個大小，且指一物始根，便是大德；發生條達，千枝萬柯，都是那根上出來，便是小德。

諸儒說心，未有朱子大學或問發明正心之傳最爲剖析，擺脫分曉，令人痛豁。

接事多，自能令氣觸動心，敬則不能爲之累，否則鮮不爲之蔽。

心一存，則海水之不波；不存，則沙苑之揚漠。

國事切不可詐，乍得之即失之。

謀大事者莫要于誠，不誠則難濟。誠則渾，詐則隙；誠則膩，詐則糲；誠則密，詐則疏；誠則聖，詐則愚。誠與詐，天人判矣。三王之與五伯者，誠與詐之分。

凡事欺于心則自行，不去便有坎險，如何行得去。

爲治此心要果斷，否則或爲他疑所奪。心奪一時行便壞，百事可不慎歟！顔子不遷怒、不二過。只是說怒一事再不假借一事來怒，過一遭再不在此事事有過。此正克己功夫，精純透切，天理融液到心胷裏去。注謂：以怒于甲者不移于乙，只解却「不遷」字，非以甲乙做兩人說也；過于前者不復于後，亦只解却「不二」字，非以先後做兩人說也。若以甲乙、前後做人說，人人皆能也，豈可論顔子唯不遷、不二，纔見顔子好學至乎！聖人之道處自非人所能及。

仁只是心求仁，非一方也。但心有所存主處，便是求仁。觀諸孔門問答，可見師之教、弟子之學，都只是尋討箇正當底心，心外無餘事。

張子曰：「大其心，則能體天下之物。」然心體本大，物無不體，但人不能大之耳。「大」云者謂加問學，開廣之也。大則渣滓渾化，便與天地相似，何物不能體？

某看宋儒諸老，論辯不讓當時孟子之辯，毫釐不肯放過。

天陽也，未嘗不伏于陰之中；地陰也，亦未嘗不倚于陽之內。故陽自下昇，陰自上降也。即便是動靜無端，陰陽無始。無端即無始之意，只是說渾淪底意思。

不讀朱子全集，無以知此老在當時爲道扶持之艱難；不讀朱子四書，又無以知此老爲天下立教見道之精粹。真孔孟後一大成之儒。

某嘗歎，道自孔孟後失傳，何偶然有宋崛起諸儒，挺倡斯道，救溺人心？又得朱子而大成之？不知天意何嗇於漢、唐、隋、晉、五季而豐於宋耶？不惟朱子一生，而當時又有多少智人、哲士雜出期間，朝夕與之遊，搜求多少義理出來？以今論之，不說要朱老這人出，但如彼之同遊者，亦罕得見。

或問曰：「日月之食何也？」曰：「日，陽精，行天有中道；月，陰精，行天有九行。以天體言之，其道遲緩兩相背附，及其次相近，有時而交掩。或有時日掩月，則爲月食；或有時月掩日，則爲日食。故日食則月在下，其次映日；月食則日在上，其次壓月。界分雖上下，食之期如合璧之狀。此定論也。」曰：「何救日也？」曰：「月陰蔽陽明，恐陽不克以長陰，故金鼓聲，其氣一克其陽。」曰：「如是陰不復救，何亦救乎？」曰：「月食救之，非救陰也。陽蔽陰晦，亦恐陰或侵陽，故金鼓亦聲，其氣而助陽之不足。」

學者不可一日不讀論語，一讀之便消融多少渣滓。

諸家文集惜乎不耐咀嚼，周、程、張、朱之文分外一天風味。

程子作好學一論，正欲借顏子以喻己。

春秋之書，格物之學，孔子心術之精微在是。

太極圖明此性之全體，西銘狀此性之大用。

太極圖體貼予一身，便可見自無餘外意味。

寒暑之遲速，氣數定也，豈能毫末加損于其間。

程子指天地變化草木蕃，以形容恕心充拓得去。云者只是說，萬物在天地間大以成大，小以成小，有箇推己及人底心，無不成就的氣象。

易之爲文，借辭以顯其義；春秋之爲文，反辭以正其義。隨其文以逆志則得矣。

觀天地生物，消息盈虛，則心之本體可見。

乾道變化，各正性命，全體呈露也。

千古聖賢甚不曾拘拘有着去爲，只是合得恰好則管去爲。如陽貨瞰其亡來餽，孔子亦瞰其亡去拜；如佛肸來召，既以誠心至，孔子亦欲往，皆無毫芥已甚之事。

夫子說「寂然不動，感而遂通天下之故」，雖本易而言，便是標貼出箇心之體用來。程子因而就說個「體用一源，顯微無間」，包括這兩句。

帝出乎震，齊乎巽，相見乎離，致役乎坤，説言乎兑，戰乎乾，勞乎坎，成言乎艮，此後天之學也，左旋也，帝謂主宰萬物生之意也。萬物到震皆萌芽生，到巽成物，皆不先不後，都齊生動；到離所生之底物皆鮮明如露頭角，然互相見；到坤方致役用力去養；到兑生意勃然，又有得力處。豈不説到乾物，皆戰克，或有似而非，或當存而去。到坎便加水來灌溉；到艮方言成萬物，皆底于熟。只如此説，便見得後天易位次序。

古人文字實質不喜浮豔，只看十干十支之名、八卦之名便可見。

六十甲子循環消磨這塊物也，增也增不得，減也減不得。大撓之曆，羲皇之畫卦，何嘗安排智巧爲之哉！甲子是自然，若移甲在丑，便道甲丑不得，其餘皆然。

# 思菴野録卷中

渭南薛敬之著
外元孫張經世校梓

春夏顯諸仁，秋冬藏諸用。春夏，天地之交會；秋冬，天地之專殊。

天本陽氣之精，積而上浮；地本陰氣之積，滯而下凝。日月星乃天之發耀，山川水石乃地之呈形。

天下歸仁，一人之心，千萬人之心也。天下者，大之之辭。

陽氣多而陰氣少，陽生液，故氣蒸雨；陰氣多而陽氣少，陰生質，故氣凝雪。男女之象也。

篤恭天下平，與致中和位育微妙。

人之氣量根于性，唯問學然後可充之。

人之驕吝乃氣浮使然，知道者自無此狀。

心之善惡而形相兆焉，故孟子以眸子觀心。

人之賢否別是一般風味。

人之生死與物之枯榮，皆性之感與未感耳。

朱子書丹陽邵吏殺其太守孫翊，翊妻徐氏討殺之。若忍辱負國之人，則一婦人之不如。

漢儒不免穿鑿，而俗氣亦有之，如白虎通「壽命」一段，有三科之說，又有司命舉過之言，豈儒者所道？

「操存」「省察」兩段，自不容離。「操存」不可不加「省察」之功，纔「省察」便是「操存」也，離却便不是學。

讀孟子之書，自覺底㫖次與天地一般氣象，孟子是㫖次大底人，故其發言自不覺其廓大。

趙岐謂孟子通五經，以心言者也。

器識不遠，不能成大事。

人能知學，氣味自別，外物自不能動其中。

立言不本諸道，自令人厭，老、莊、荀、列之徒是也。

從政不本諸心，不爲孫、吳，必爲申、韓，其于民何補？

心一有不正，則煩擾隨之。

人各親其親、各長其長而天下平，與老吾老以及人之老、幼吾幼以及人之幼、天下可運于掌上之意同。

如管輅知何鄧之敗，則一知言窮理之人也。

非有道之君子，顯不爲位驕者。

予夜來思中庸一書，子思只是爲這個「中」字作也。中底事，平常底理。一章言其中庸之原，人能致之，則天地萬物皆與己一體都平常，所以下至十二章，勉人進中庸之道，須如顔子便能擇，如大舜便能知，如子路便能守，然後能盡也。推而廣之，中庸之道至費且隱。小而言之，則自一身所言、所行、所接，莫非此中庸之道；大而言之，則雖如舜之歷險難，文王之有作述，武王纘緒，周公制禮，孔子告諸侯也，莫非是個中庸之道。非有甚高難爲之事，以至推言天道、人道。以聖人至誠處言，雖至誠人所未易到，在聖人分上也只是個中庸；以天地高厚處言，雖高厚人所未易測，在天地分上也只是個中庸。推而及之，以至聖人莫能窺之處，皆是自然，何駭於世而踈于人哉！人能致之，亦可訓而至。之所以終了，又說個「操存」「省察」之方，欲人進中庸之道，非難致也。愚窺子思之意，當時或者不過如此。

「有朋自遠方來」，與「天下歸仁」之旨同。

道理真實，見得自別。

聖賢分明別是一段問學。

水流濕，水生于濕也；火就燥，火生于燥也。故天一生水，地二生火。

天一生水，地二生火，一陽也，二陰也。故萬物之〔一〕始，先有陽而後有陰；陰生於陽，陽生於陰也。于是人物之生而後無始，非謂初生時無始也。先儒謂陰陽無始，以物之形成後言也。以此推之，靜生于動，惡生于善，兇生于吉，亂生于治，異生于常，皆可類推，亦自然之象。

水生于天而成于地，火生于地而成于天，故水心實，火心虛也。象之書曰：「水曰潤下，火曰炎上。」以水火觀之，則虛能生實，實能生虛矣。易曰：「水火既濟。」「既濟」者，陰陽相得之象也。

天下之水歸于東瀦，化虛也，否則九州其魚矣。乃一氣之闔闢而然，若列子無底之谷、尾閭之穴洩之之說，爲謬殊甚，儒者所不道也。

不處不道底富貴，不去不道底貧賤，恐有以去乎吾仁也。去乎吾仁何以成名乎？所以君子不去仁。雖造次顛沛而常用力，自能取捨如此，非是不處不去後纔用力在仁。然不處不去，已是爲仁底力在。

春夏在日之晝陽用事也，秋冬在日之夜陰用事也。

道學與天地相爲盛衰。天地跡也，道學理也。

孔子繫辭一傳，乃六十四卦影子。

詩、禮、樂者，成就古今人物的丹頭，但人自不能鍛煉，連詩、禮、樂也一串都成灰滓了。

周子說得禮樂之弊好。

說者望諸葛孔明興禮樂，只是能操縱予奪，一有規矩，如使居周公之位，有周公之時然後可爲。不然，或勢可爲而事不能遂。當時如驅中原，匡天下，一統六合，事亦可措。然魏駕中原，吳兵連肘，而不能舉以（塵）〔麈〕淨麾下，禮樂云乎哉！興之者謂孔明之才則可，謂孔明之爲則不可。

---

〔一〕「之」關中叢書本爲「也」。

三代下出處之得其道，無如孔明一人而已。雖有子房，先儒稱有儒者氣象，但其出爲韓亦以義起也，類于自薦，其與孔明隆中之顧遠矣。

韓信拜將之壇于漢可也，其受封也而心思東楚，寧無厚顔。說者謂亡虜宜也。然死于婦人之手，寧非畔主更義之責報乎！

曹操之退還三縣與王莽之下士、其妻衣曳地者，一奸雄之譎詐，其能贖乎！

朱子書曹操之退還三縣，著其奸也。

松柏不葉，竹質踈畧，皆卑牧謙儉之象，故能後于歲寒。以此觀之，浮躁淺露，恃濃嬌豔者，鮮不易敗。

醜惡相兆，朕自然之符也。故天三日之晴未嘗無一日之晦，其象自然。

無德而久于位，積殃也；無功而厚于報，累禍也。

志道、據德、依仁、遊藝，分明說出個作聖功夫樣子。

志道、據德、依仁、遊藝，則知今日科舉之學輕重矣。

人不知道，則所爲皆氣習。如或有善，不過是氣質中之一點純粹者。

處己接物須當審，否則辱矣。故恭要近禮。

遊藝一事在鄒魯輕且末，今則爲第一事，其治體純駁，人才得失可知。

程子說：「不哭底孩兒，誰抱不得？」只是嘆人會說性，卻不知性之來歷何如？養之何如？源頭在何處？都要在自己身心上尋討。

鳶飞戾天，鱼躍于淵。程子謂與「必有事焉，而勿正」之意同，會得來便活潑潑地，會不來只是弄精神。此段予思何消會與不會，得鳶鱼之飛躍便是「必有事焉，而勿正」，皆不得已而然，非有爲也。天下豈有性外之物，是孰使之然哉！

春陽之中其氣和而不燥，故其物暢榮而不遏。或升之太過則必燥而無狀，各遂所惑而成類。如纔有所肅必成霜，所嚴必成雪。一或散而不斂乃成風爲狂，飛塵揚沙，無所不至。如人得氣之充盛而無問學以規矩之、收斂之，則放避邪侈，無所不爲。

讀書不在多，貴在知要；知要不在言，要在力行。

讀聖賢言語，見聖賢底分量。

凡作文字須要認理親切，然後其言自然暢快；否則澁滯，自不令人曉會。

凡理認得十分，纔說七分。若認得七分，纔說一二分。更若理不明白，終模糊一分，亦說不得。雖自強說，終不脱洒，終歸箇什麽？

日窮于次，盡十二次也；月窮于記，盡十二記也；星回于天，週四時也。至春而日復躔，月復建，星復轉，故與冬而言，窮盡一歲之運行也。

日行之速，陽健也。按今之躔度，擬之漢唐爲少差。

乾道成男，坤道成女，以八卦相蕩而言之。鼓之以雷霆，在卦爲震；潤之以風雨，在卦爲巽兑。日月運行一寒一暑，在卦爲坎、離，在天成象也；男女在卦爲乾、坤，在地成行也。象行之變，其本在剛柔。

「活潑潑地」只是活動，指鳶魚也。便見得理氣，說得面前活動，如孟子「躍如」，如顔子「卓爾」模樣。

讀秦風，喜得無淫奔之詩，見得秦俗〔二〕好。

中庸不可章句分，只緣朱子欲人易於理會却分了。

欲知漢儒須看禮記，今人如何及得？

漢儒去孟子不遠，故其著述爲近之。只緣得道學不明，所以言語多差錯。

〔二〕「俗」：關中叢書本爲「風」。

詞賦至屈、宋而始倡，有三百篇遺意。

天地間未有無性之情，而但有無情之性，如山川草木水火是也，惟此類無情。

杜甫北征詩可觀綱常之氣溢在言表，想是時窮抑迫切之極而良心發見，不然則狂誕之情不能如此淒婉忠真者。

子牙之鼓負，賈臣之負薪，正所以養後日無窮之譽也，節義非此時無由而見。

朱子集楚辭之注，有春秋之筆。　觀首引胡笳篇，謂「非恕文姬也，亦以甚雄之惡」，則揚雄不如一穢婦明矣！

孔子廟廳有揚雄從祀，以義言之，則當黜矣。　雖有太玄、方言之作，不但畔經，亦以害道。

雀鳴與雷震一幽一顯耳，只爭分數多少。

雀善識人意，故孔子稱其翔舉美，知幾也，而況于人乎！

觀孔子賢下惠，孟子聖下惠，便見聖賢氣象。

夏而雨，陰抱陽也；　冬而雪，陽負陰也。　抱陽則陰浮而陽盛，欲出必雷；　負陰則陽權而陰承，以施必煖。

溫風、寒風隨陰陽也，非陰陽之外別有所謂風也。　若拂塵揚沙，折木偃禾，皆氣之升降鼓急而然，非世所謂鬼神譎怪之說。

孔子謂天怒者不過敬天之意，與成王迎周公之事同。

高宗之學見得物理破，故凡（告）〔誥〕、戒、命、誓却多引喻。

物之受性，雖天地不能爲之予奪，若春桃秋菊，何損益于其間？

物有近人之性，鸚鵡、猩猩之類是也；　人有近物之性，頑癡、愚鈍之類是也。

草木之香，人性之慧也。

心之德，自內達諸外；　愛之理，自外形諸內。

凡事本諸理則心自安、色自定，不然，便有許多險詐，亦哄自家不過。

凡作文字不可務悅人，悅人便是爲外。　一有爲外之心，便不是學。

太極圖是天地萬物之畫像。

人常說四時不和，然四時怎生得有不和？但著此歷數，窺測底天地不真，牽引底人說不和。然天地之數自有定次，人豈得而揣之？則其歷之不足信明也。雖有伊耆氏考驗，說者謂精殊，不知天地萬物元氣消長，前後不同耳。況天文家者流可足信哉！天文不過臆度之術，想像之說。羲皇之時比諸三代不同，三代之時比諸春秋不同，春秋之時比諸漢不同，漢比諸唐不同，唐比諸五代不同，五代比諸宋不同，金、元迄今其星辰分野、度數躔次又不知比諸宋、元如何？已與三代時不同，其不足信益明矣！孰得凌倒景而俯視雲漢，則直指其某星，則行某次，某次則案某候，爲足信哉！謂之不和，則是雄雞化雌，女化男，然後謂之不和。

心之本體，本無一物，但有動則有物。

天地無萬物，非天地也；人心無萬事，非人心也。天地無物而自不能不物物，人心無事而自不能不事事。

記誦文辭，害道之甚，漢唐通病也，唯有宋得脫出。

立心不遠，終自邇也；持志不高，終自卑也。

爲學而不本諸堯、舜、周、孔，則非究心本領之學矣。

時禽候蟲，氣相感也。

觀今之蠶，則知古初之人物之生亦氣化而然，由氣化而後有形化。

氣化者如水便是水，火便是火，木便是木，金便是金，土便是土。自以氣漸著而成，如水便潤下，火便炎上，木便曲直，金便從革，却便是形化而然。氣化者道之始，形化者道之終。

太極本說理却有氣，西銘本說氣却有理。

氣養得不完備，遇事便露其間。亦有養氣也，能溫厚，少粗厲，此等本乎天資，如顏子便不假少養，自能溫醇三千之徒，親聆孔子之誨終不能變。宋如伯醇，自有許多從容氣象；正叔終了只是剛毅，非不知養，亦不能勝過氣。見得人之氣質有賴養而然者，有不賴養而然者。

太極無體，因物而有體。張子所謂客感客形者皆是也。張子「客」之一字，見得天地萬物透徹，無些泄洩處。

閏年之法，亦是自然底度數，不假一毫人爲。

四分度之一，天法也；九百四十分，日法也；十九分度之七，月法也。

一年之數有定分，天地之數以年數乘之多寡不均，必以天體日月之法零除加減，補前借後，必至十有九年而後數分氣。

學者到心洪大處即是氣質變，氣質變方可言學。

「興于詩」一句，只此足爲終身進學之端。

全體呈露便是妙用顯行。觀諸萬物可見其所以呈露者，即妙用也，而全體便顯行。

諸葛武侯之學，看來都得靜之力。

正月雨雹非其時也，正月盛陽也，雹盛陰也。盛陽之月而陰用事，陰至此微矣。然而雨雹則陰有亢陽之象，兵之徵也。

堯夫之辨春雷，與程子論湯瓶之意同。

誠則形，形則著，著則明，氣質變化也。明則動，動則變，變則化，感物處也。

仲春雨淫，陰抑陽之象。

如牛山、浩然兩章，孟子分明說得性氣大段，活潑潑地向人前面，真周、孔以來所不能道。

天地是個活底物，只人看不破，如風霆雨露，或放或斂，寂然不動，却爭不會言語氣象。

天地，理氣之巨者也；萬物，理氣之細者也。以至風行鶴唳，無非理氣之錚錚者。

子思致中和，天地位焉，萬物育焉，只是形容顏子不遷怒一事。

道教有伏章奏牘與上帝福禍之說，不過欺世誑俗之爲，惑人莫甚焉。

體用一源，顯微無間者，程子說得天地之消息。盡太虛，萬物循是出入，皆不得已而然者，張子說得根底盡。

天德者，包得最闊，要人識得。識得時天地日月，寒暑災祥，陰陽晝夜，一動一靜，無物無我也。識不得，亦只是兀然獨坐。

孟子説「心不若人，則不知惡」一句，契緊爲人底意。近在山中數日，偶得此句親切，孟子勉人爲善之心豈欺我哉！

大學只是古大學中教人得法子，予洙泗道學正宗一編，只是孔子洙泗教人底法子。

物我相形，各自有己也。有己便不是天地之心。

小學書當爲聖賢要經，以此集爲小，則不知五經子史所載更何爲大？

龜卜自禹始，蓍必有所傳者，但自文王後始明之。

某讀易至前數圖，有方有圓。有横説者，謂邵子得之于李之才，李之才得之于穆脩，穆脩得之于華山陳希夷，特所謂先天之學也。皆謂伏羲之圖詳，羲之所畫其卦不過三數，況亦無文，又未及明于天下，何以撰此圖而滿六畫之數哉！六畫者，文王所重，去羲又千五百年之遠，豈謂撰圖而具千百年來未畫之數，此不足信必矣。以某揆之，此圖之傳陳摶，上更無所自。或疑摶所作，邵子引之以明先天無文之意。此恐或的也。若真以爲羲之所作，乃無稽之言，姑記以自考。

先天心法也，取思慮未起之意。

先天後天，孔子以心之動不動言之。動則有作，後天也，文王時象之；不動無作，先天也，伏羲時象之。故儒先圖八卦者，有伏羲、文王之别，正以其用與不用言之耳。用爲動，不用爲静。

孔子謂易有太極，斥當時求易不求理者言也。殊不知纔有太極便有易，未有無極之易，亦未有無易之極。儒先又謂太極生易，不知「生」字如何下？

重者交之常，交者重之變，重交相爲常變也。拆者單之斷，單者拆之積，拆單者相爲斷積也。故曰：「易，變易也。」

二程之書，五經之戶牖，百子之門庭。希聖希賢，不由此則無以開其源；博古通今，不由此則無以盡其美。學者讀之，須一一體貼得過，都從思惟中來，方久當自有得，不置之閑常説話也。若只草草粗意看過，非知道者也。

而今天下只是一個名利關住札了，壅住多少俊才，可勝歎哉！　氣化然也。

名利壞人間多少事，非唯道不能明，連氣質都不能變化。

日月運行，一寒一暑，知天文者無如孔子。

春秋之世，多象數之學。

孔子十翼之作，皆發明周公、文王彖爻之辭，學者須于卦畫上求之方得。

理氣不可見，即于階前雀躍觀之，便是誠之不可掩如斯夫氣象。

僕觀元有四傑，謂揭傒斯、楊仲宏、虞集、范梈，揆之于道則有吳草廬一傑足矣，何必稱此四人哉！

國家不可無碩德偉望，以爲表儀，恐四夷窺虛中華。

氣化人事，不可歧而二之，須相參而究之，然後可以知天道消息，世道隆替。

古者多星數之學，故月令皆天文。

道德之儒，氣味多溫醇，故程子不欲張子厚檢獄事。

道德之學，師天地也，氣象自與功名富貴之習殊別。

人無妄心，便自神明可質。　中庸曰：「尚不愧于屋漏」，只是慎微至密。

說卦一索再索三索之說，只好說卦畫生之之序，若作揲蓍立說，似與義無意味。　朱子本義初不明白，亦未及改編次，急劇遂以注，朱子罅隙而啟後儒之議，後凡立言者可不慎哉！

邵子謂：「乾坤縱而六子横，易之本也。」又曰：「震兑横而六卦縱，易之用也。」六子横者，伏羲之卦，先天之學也；六卦縱者，文王之卦，後天之學也。

縱者經之意合也，横者緯之意分也。　合而以待分，而用事一縱一横之謂也。

冬而曝陽，然後知陽之盛；　夏而喜陰，然後知陰之隆。　一冬一夏，何怪乎寒暑？

論詩無過三百篇，性情可理道可入。不然，只以杜少陵爲據，是不以性情而以口舌求之，非知詩者也。魯論記孔子學詩之法，只說「可以觀，可以興，可以群，可以怨。邇之事父，遠之事君」，便只本性情，更不論甚事，此數語可謂萬世學詩之法之要。若禁語玉屑之書，但可以亂性情，非理與調之真解也，豈學詩者也。

聲入心通只是見得理明白，一聞聲，心便有知處。

說卦云：「其初難知」，卦未定也；「其上易知」，卦已定也。卦未定，則不知爲陽爲陰，故「難知」；卦已定，則已知其陽其陰而擬之，故「易知」。

木天禁語中所載詩家指要一篇，蓋出釋子之流，其聲律句讀皆幻妄，不足爲吾儒章程。

說時：一日十二時分一百刻，一時止八刻，十時八十刻，二時十六刻，十二時總九十六刻，餘四刻也。然四刻之數，每刻分六十分，又二百四十分。以十二時分之，每時加二十分，總一時該八刻二十分，無餘見也，百刻之數見矣。

傲德非唯壞事，適足以喪生，嵇康踐焉。

天地之德，包涵徧覆莫如雪，恩澤浸潤莫如雨，慄烈莫如霜，綢繆莫如霧，雄猛莫如雷霆，察物莫如日月，皆本性而言。

萬物莫不各有所止，人識得便有無窮之樂。

野狐探冰，亦物類中知氣之靈種也。

窗前草不除，周子見得道體之痛快處。

理無氣何所附？氣無理何所依？獨理不成，獨氣不就，然理與氣二之則不是。

理卻不會動靜，說動靜非氣則不可。

草廬謂太極無動靜。動靜者氣機也，把太極只做理說了。殊不知理無氣在何物上承載？若如此說某一加疑，終不敢言太極是何物。

某看太極圖說至附録中載多少議論，其義層疊，大抵多俊才，但不會自家去身心上尋討義理，奈各逞所見，便來質難，如破屋日光各隨其隙之大小而便爲見道，故雖謂之見，却大小各有分限也。所以，議論愈多愈惑。若能出破屋子去看天，自是一般豁快氣象，于道自別有見，却自不任瑣瑣煩細，一句兩句便所說道理精白，令人省力。

某看太極圖雖說理，亦不曾離了氣。先儒解「太極」二字最好，謂「象數未形而其理已具之稱，形器已具而其理無朕之目」。「象數未形」一句說了理，「形器已具」一句却是說了氣，恁看氣理何曾斷隔了。

子思作中庸與龍馬負圖同，蓋非天授何于胸次有如此？況十六歲亦非著書之時，非天授而何？

古人作文，必有根據，自不敢在虛空創立一說，爲後來標準。且看大學、中庸兩書，雖先自撰立說來，必須後或引書引詩，以明所據。此等文字最爲典實，不令人糊惑。儒先云：「三代無文人，六經無文法」，而其人自不能不文，其言自不能不法也。可爲萬世文章之鑒戒者。

孟子一書，是輌生來形狀。

聖賢之有孟子書，如行舡之有棹柁。

說者謂孟子不知易，知易者無如孟子；謂孟子不知春秋，知春秋者無如孟子。唯知道君子識之。

因天地而定乾坤，因高卑而位貴賤，因動靜而斷剛柔，因方類物群而生吉兇，因天象地形而見變化。此聖人原易之張本以示人，故曰「易與天地準」。

中庸爲傳心之典，大學爲道學之原。大學規模明白，學之者易；中庸程度高邁，學之者難。進學無如大學，進道無如中庸。

看算法只是翻騰吾儒一「禮」字，得失係于進退動靜之間。推而言之，有天地之道存焉。

算法進退只是不自足之意，所以互換相遜而迭爲賓主，正吾儒相先之禮義也。算法次序有軍政之例。

算盤上二子者，二氣也；下五子者，五行也；其中横而一木界，太極也。二氣、五行流行于大地之間，一太極之理也，萬事萬物之能事畢矣。

雲在天地之間，潤而爲雨，燥而爲風，鼓而爲雷霆，一自然之理，非有意以潤、以燥、以鼓也。曰山川出雲，特假象耳。如人雍容氣和，有時而怒、而喜、而憂、而悲，曷嘗假于外而然？

外勝内者耻，内勝外者樂，唯君子有之。

顧外者不知内之有餘，顧内者不知外之不足。

血氣多險，理氣多平。險則有是非，平則無滯澀。

冬則初夜時溫，清明時寒。溫是日之餘氣，寒是夜之餘氣。夏則初夜時愈熱，清明時涼。熱是日之餘氣，涼是夜之餘氣。猶一歲之間春寒而秋熱，皆是餘氣未息，浮迫各到極處。

一日夕在月下坐良久，曰：「聖人氣宇清明，正如皓月當空，萬里無一點雲翳。」既言之，復頌之，不覺令身心快爽。

爲治貴讀書，不讀書無以明理。周濂溪決南康事日如流，非讀書明理不能也。

天之色清虛之至也，非天有色而居青。如佛書所謂東之天青，西之天白，南之天赤，北之天黑。其青海氣也，謬之甚矣！

雨暘燠寒，風之有無，見得天無心處。風雷變化，氣使然也。天本無心，以人爲心；聖人本有心，以天處心。其未至于聖人者，可不盡希天之學乎！何謂希天之學？曰：「自敬始。」

詩在五經中，自是一個聖人中和意底氣象。

誣毁雖聖賢莫之逃，如叔孫武叔之于仲尼，蜀黨之于程伊川，豈能損其真也。儒先謂憂鬱能堅人之志，余以謂誣毁亦能堅人之志。

存養、省察、格物、致知，本學者一串物事。若存養底不到，則無以爲基而照管萬事關鑰。須省察、格物、致知，續有頭項，自無紊亂。存養非省察不得，省察非致知、格物亦不得。唯存養，然後逐一做去，自有條理，久當必有脱洒處。

子思學最有力，只是循序不亂，令學者有頭項做功夫。

心放下便是出所，出所不能主事而即役于物，遂喪矣，舜、禹所謂人心惟危者也。況統屬吾身而爲萬事之根本哉！故學者欲之于道，不可一毫一息放下心也。一毫放，則一事不濟；一息放，則一時或曠如。此便與理違，謂之造聖賢之域者遠矣！

一日余觀燒白酒，真天地之象也。甑首加水象天也，其中物象地也。火炎而氣蒸，絪緼相合和，所以酒生焉。陰陽和而雨可知。

天地間萬物萬事莫不各有當然之則，人但隨其則而各盡之可也，便是聖賢也。只是各循其則而盡之，非則之外別有盡其餘分。

靜中氣味，恨無人識得。靜，理窟也，一探之有無限義味出來。

人嘗惡迅雷風烈，爲摧物也，而不知天地生意之所存。人嘗畏威奪討罪爲折人也，而又不知聖人仁愛之所寓；人嘗以言勵行嚴爲不德也，而亦不知父兄教育之所在。萬物者，當知天地之心；萬民者，當知聖人之心；子弟者，當知父兄之心。則天下之事畢矣。

一日遊湑川而聞水鳴曰：「萬物之鳴，皆不得已而然。水之鳴則誰使之哉？」

杜牧阿房宮賦者有諫體。

朱子綱目仿春秋而作，其與孔子之書法自相遠。

凡作文字，不本諸身心功夫即是藝焉而已，何以名載道之器哉！

源頭上無功夫，則雖文辭之麗且富，終非條達春容氣象。

精明虛靜正是本然界限。

以天地萬物觀之，體何不全？以乾道變化，各正性命言之，用何不大？全體寂然不動，大用感而遂通。

觀河、洛二圖，見得上古敦尚樸實的時節，只畫兩個圖來記着，把黑底做陰，白底做陽，亦只把陰陽來說。看後帝王每但有些祥瑞，便有許多瑞詩瑞頌，臣下每便上章賀類，成箇書籍，傳于萬世，便于上古不同。看來上古朴而精，後來文而淺，觀于河、洛之圖可見。

河圖無偶數，見得爲天之象；洛書有偶數，見得爲地之象。天體圓無正形，故河圖以西南陽列之，東北陰列之。陽生于陰，陰生于陽是也。地體方有正形，故洛書以四正陽列之，四隅陰列之。隅爲天象履乎地，正爲地象居乎天之中是也。此河、洛二圖位列之義也。河圖陰陽對待以周旋而言天象也，洛書陰陽分列以上下而言地象也。洛書以陰數居四隅，天包乎地也；河圖以十數居中地，居天中也。由是觀之，圖未必不爲洛書，而書未必不爲河圖也。

吾于無事時斂襟危坐，自覺進道有着力處，何也？但坐便擲去私欲，不容毫髮町畦之立。政者，正大寬平以正人也。縱己而疑人、誣人，其從政可知矣。

予每遇人毁誣，便自覺有高人處。

一念之善，從容涵詠；一念之惡，着力勇去。即此而悠游涵養，久來自必有得，如此方是進道處。

數日前與黄別駕論詩，自覺詩思窘枯，連日不快。今日偶吟苦雨句在秋時，如「堦砌有漚浮草緑，庭除無地襯花黄」，又覺詩思轉却一番來活動，不勝痛豁，揮筆即事，遂吟三四律。

利欲之人不可與言義理，功名之人不可與言道德：不入也。利于此必蔽於彼，雖言之豈能入乎！

凡所作爲動心，只是操存之心未篤。篤則心定，外物不能奪；雖有所爲，亦不能動。昔程子過漢江，誠敬自如，是其驗也。

如臨大戰，登大嶺，涉大河，而後其操可見。曾子曰：「臨大節而不可奪」，爲君子此也。

張南軒在朝，每入奏必先自盟其心，曰：「切勿見上意便喜，便阿順將去。」非皋、夔、稷、契之心有不能如此勾當，心學之誠不亦至于格君之忠也，誠所謂仕之天民者矣。自他人觀之，唯恐不得上悦，未有不爲容悦事君者也。

上古風淳俗美，大抵無多事物擾攘。人生既長，雖自天子至于庶人，八歲便入于小學，教如此道理；及十五，便入大學，教如此道理。所以，後來任有家國天下之責，治隆于上，俗美于下，三代而隆〔二〕莫能及也。

余一日被人議其言，覺色發赤，即此是真心。

古人行底最着實，不行不敢言也；不似而今人，未行先言。

心凡有脱洒處見得明白，即是與古人田地一致。不然，隔慤〔三〕子如有萬里，自不能相干涉也。

天只是個圓的物，故常動不息。如南行北行，自是動之機。人見得如此，非是天體有南行北行之度也。恰如而今一個圓毬子置在手中，有時向北向南，亦或東或西，只此便是動物。所以如此，非毬有南北東西，自然之度也。

天之體無一時不動，地之體無一時不静。動有時而静，非常也；静有時而動，亦非常也。天地有常體，動静無常機。

在天之風霜雨露者，陰陽之質；在地之草木水石者，剛柔之質；在人之父子君臣者，仁義之質。陰陽一剛柔也，剛柔一仁義也。

陰陽氣也，離那質不得；剛柔質也，離那氣不得；仁義性也，離那氣質不得。未有無氣之質，未有無質之氣，亦未有無氣質之性。

偶于廳坐視黄葉亂點地，喟然曰：「春何生生而青長，而成陰，秋何萎萎而黄墜，而點地，莫非氣使然也！」于此亦可見活潑潑地處。

入善便忘了惡，入惡便忘了善，只在一息之間。

静中如在天理渾融處，殊甚痛快，勿令纖毫欲來擾動。一有欲來便截斷了，恰如澄泉之流而一土壅住，學者不可不知

〔二〕「隆」：關中叢書本爲「降」。

〔三〕「慤」：疑爲誤形，關中叢書本爲「殼」。

此界限。

天理混融即不可容一物，有物即雜矣。此際正是天人之判。

心何居乎？曰：「在腔子裏。」曰：「腔子安在？」曰：「在我。」曰：「我何物也？」則寂然無所歸，學者最宜體玩箇下落處。

日月者，只是兩間萬物精英凝結而成質。若夫月之晦朔弦望，乃日道行次而爲之，非月爲之耳。

居官要在杜私，能杜私則能成治。

河圖以一、二、三、四爲生數，六、七、八、九爲成數。生數者，生自内出，故居内；成數者，成由外充，故環外。五以心言，合内外之道也。看來龍馬當時只是十個旋子，伏羲便覩此異名，析其數，所以數其數而爲五十五個點子，湊成這個圖。

河圖以陰陽依附而成，有陰便有陽，有陽便有陰。程子謂：「負陰而抱陽，相爲依附者也。」所以二陰數，七陽數，陽負陰而居南；三陽數，八陰數，陰抱陽而居東；四陰數，九陽數，陽亦負陰也，則西居之；一陰數，六陽數，陰亦抱陽也，則北居之。要而言之，二與七少陽，四與九老陽，南與西次之，皆陽而負陰以成物而言也，故西與秋爲成物之府；三與八少陰，一與六老陰，東與北次之，皆陰而抱陽以生物而言也，故北與春爲生物之府。是以秋生于夏，春生于冬也。一圖之間而天地造化之功用咸著，渾渾一太極也。

小學是大學胚子，大學是小學精趣。初不可以大小而論也，大小就學者而言。

一念之善，便覺心廣體胖，所謂作善降祥也。

讀書亦可以療疾。平其心，易其氣，自無邪僻之干。

爲正，自邪不得；爲邪，自正不得。邪正各有定位。

天地曷嘗有意生人？有意生物？譬如一塊地，未曾開闢，日夜之所息，雨露之所潤，只是生些草木，向後生來生去，亦便有梧桐、嘉禾生出來。生人亦然，其初只是生些物類碁碁，但似人形而已。厥後生來生去，風化漸開，人文漸著，纔便有人全生出來。所以易曰：「黄帝垂衣裳而治」，是衣裳自黄帝時方着。如曰生物是一理氣，生人是一理氣，是天地改其心，又不知天地是何理氣爲之也？論貴賤尊卑，偏正通塞，是生人之後論之，故有人物之異。以理氣天地生物之心論之則皆物，豈有異哉！

人有才而無德，必無溫厚雅重之氣；有德而無才，亦不失敦篤介辨之節。

觀素王記事，古來只是個心成出多少人來，有爲聖爲賢而名之者，氣界之也。消融得其之渣滓盡便成個聖人，消融得不盡便比聖人有差也，所以爲個賢人。心乎！心乎！古今聖賢與人之秘機乎！

敬只是個約束此心，不令疎放遠去的法子。

讀易先須明卦之原，畫卦之由，字卦之義。

易道雖是假象，然不識象不足以言易，是易必以象而著也。如乾曰龍、震曰雷是也。推而言之，六十四卦，莫不皆然。

爲治使民畏不若使民愛。畏之者，法律也；愛之者，德化也。

讀孟子須要識得柳下惠之和是甚麽樣和？伯夷之清是甚麽樣清？伊尹之任是甚麽樣任？方是不爲空讀，亦是有味處。

交友貴于始終相符而不失乎敬，交友不主于敬則非善交者也，所以孔子稱晏仲平。

讀書而不自得，終爲皮膚之學，是猶及宮牆而不入，未知百官宗廟之富且美也。

自得之味難以語人，須去自家尋討玩味方得。

事至物來，切不可視爲外誘，最正是學者著功夫田地，便要審查個底當，應答將去，亦格物之一端。

近日覺心有踈放，便不痛快。

志動氣，氣動志，自然相反也。如而今人讀書，數日爲事所擾，便有數日收拾不上來，亦是動之也。

言隨所見而發，心隨所言而見。有如此之見，而有如此之言，淺深廣狹，無不如之。

「膽欲大而心欲小，智欲圓而行欲方」，此二語孫思邈言之人矣。余嘗聞之未知其旨，一日忽有所得，遂書之以俟正于後之君子曰：「膽，心之屬也；智，行之機也。欲大氣配義也，欲小合于理也。膽須要大而見事必爲，而却欲合心之理。不然，徒大不合理，妄矣！欲圓無滯也，欲方得其正也。智須要圓則無偏滯，而却欲所行，有所歸止。不然，徒圓不有所止，亦妄矣！上一句指所存而言，所以制乎外，以養乎中；下一句指所行而言，所以存乎中，而應乎外。二者交養，則思邈之爲人可知矣。」

于事上最可觀人精粗。

而今天下事只緣「姑息」二字壞了。

凡于砌隙荒僻處，最可見天地之心。

自僕入燕來，得人無過道州劉本仁，知底最容易，好底最篤。劉本仁只是年過，不然所就豈可量乎！

凡言語只好就人分量上無後悔，不然，亦非接物之審。

天地，氣之實體也；日月，氣之精華也；萬物，氣之榮瘁也。實體不動而精華、榮瘁爲之運行。故氣升則日上月下爲暑，萬物從之以榮，日漸以永界而爲春、爲夏，陽用事也；氣沉則月上日下爲寒，萬物從之以瘁，日漸以短界而爲冬、爲秋，陰用事也。方之張子所謂日之南行爲晝夜、短長、寒暑之説，似爲易曉矣。

心或生欲，便須遠慮，不然即是縱，一縱而心遂亡矣。

孔子曰：「天地之性人爲貴」，此「性」字指天地間人物而言，惟人爲貴，與張子所謂天地之性不同。然張子謂天地之性，即程子所謂人生而靜。以上之説，本然之理也。

天下之言性也，故而已矣。故者以利爲本，此孟子剖心露膽，開發人處，不容絲毫諱隱也。

爲學不從心地做功夫，則却無領要，縱然力研強記，不過魯莽滅裂，成甚氣質？况可望德業之過人！

星依天形也，而斗罡泰階未始不方，地之象田方，地像也，而沙石植莖未始不依天之形。如人在兩間，頭圓天形也，足方地像也。是天未始離乎地，地未始離乎天，人亦未始離乎天地也。故易曰：「聖人兼三才而兩之。」

月仰凹者，陰氣蒸也，故多雨；日先暈者，陽氣散也，故多風。

聖人胸次真如瑩雪，萬里燦然，一段光明，豈有一毫滓膩？

日月非有行也，因天之體而有行；江河非有流也，因地之險而有流。天體常動，而日月麗之，不得不行；地體多險，而江河附之，不得不流。亦自然之理也。易曰：「日月麗天。」麗，依也。日月行天，如人持繩繫兩丸而弋之。其南其北，無不則之焉；日月南北，天體爲之也。

分外之事，但有一言一行及之者，皆非爲己之學，故君子思不出其位。

夜來點檢日昨所言，覺有矜意在，深可愧。

矜意只是氣動。

偶于園中觀小兒摘杏，實覺得一本萬殊道理。或問曰：「何謂也？」曰：「當時種得只是一本，如今結了百千萬箇，不亦殊乎！」一本萬殊，萬殊一本，有甚時了期，就見得「維天之命，于穆不已」氣象。

古來大臣用智，莫過伯禹。觀治水一事，只把一江一河，便分天割地，關乾軸坤，最甚停當，至今泯沒不得，萬世之智也。

凡古文詩賦，不關于世教道體，自令人厭觀。

事事有理一分殊，物物有一本萬殊。理涵分，一涵萬。理一、一本，即所謂太極涵萬物也；分殊、萬殊，即所謂萬物體太極也。合而言之，其一太極而已。

觀孔孟之書，不觀程朱之書，無以開發心機；觀程朱之書，不觀孔孟之書，無以建立大本。孔孟之書，乃程朱書之室；程朱之書，爲孔孟書之門。

邵子辨春雷所起之方，以陰陽相推也，非讖緯術數之習矣。

讖緯所以幻理，術數所以賊真。不過揣摩意料，非有道者之爲。

堯舜之世，以德相尚，故無讖緯術數之可言。漢唐以下僞學日滋，故有讖緯術數之事。

桃紅柳緑最狀得春意好，遂吟二句：「嶺桃紅不染，堤柳緑無心。」便有一團仁之氣象。

言心雖在萬事上見，而本然之體已具；言太極雖在萬物上見，而未形之性已涵。故曰：「心爲太極。」

一日到春圃，見花卉群妍，則曰：「秋冬之意甚急。」

心乘氣，氣表容。如心有喜怒而容儀爲之變態，如物之生枯而春秋爲之，謂非氣乎！

天地生萬物，只是個無私；仁體天地萬物也，只是個無私。先儒體貼「仁」字，莫若「公」字最近，只是無私底意思。

「仁」字還是生生之性。

道在天下，只是個公共底物，雖匹夫頑懦也知篤好之，敬愛之，則秉彝好德之良心，自不能泯沒得。

賈誼治安策切中道義，惜乎不能大用。

四書最要于五經。五經只是各就一事上發揮，四書凡五經之道無不具載。如言未發已發處便是先天後天，易存焉；如言事君使臣便是君臣告戒，書存焉；如言存心養性處便是調理性情，詩存焉；如言好惡枉直處便是褒貶善惡，春秋存焉；如言立禮成樂處便是品節和樂，禮樂存焉。學者終身用之有餘。

看宋時學者，切近重個「靜」字，只緣到朱子時節却轉換個「敬」，比「靜」字入道又徑捷，深得爲學之方。

復卦曰「復其見天地之心」，先儒曰「靜能見天地之心」。「復」比「靜」爲最切天地生物之心也。陽也，復卦一陽初生而心已動，涵萬物也，所以「復其見天地之心」。「靜」則不過滌去垢污，象形皆寂，自見得天地分明，不若復見之生息也。然復見天地之心，仁也；靜見天地之心，智也。仁智之道，易備之矣。

心惟不可一時放下，放下便是天地間隔，却與天地不相似。

了翁謂：「天下無有不是底父母」，可謂扶持萬世之綱常。

人之欲出人間第一事，無先「孝」之一字。
一日聞立皇儲，定天下動搖之患，爲相者知體矣。
人君身天下太和之氣，一或有過，則氣溢而爲旱澇，隨其所感，真不誣矣！
浩氣亦只是氣自吾本原處言之，與本然之性相渾融，却自與志氣、夜氣之說特迥出。
周易明理以象事，春秋因事以索理。
禮儀之地，行之則從容自得；非僻之地，行之戰兢惕厲。勸善先從微善，懲惡先從元惡，故以一人足矣爲千萬古之戒。
天地自不能不生物，而萬物亦自不能外天地以有生，一自然而已。
夜夢中恍若對人語義理，謂：「言之所得不若意之所得，意之所得不若心之所得。言意之所得不過粗迹，若心之所得則融液貫通，久自不知其所得。」
天之晝夜、長短、寒暑、往來，人之死生、動靜、呼吸、闔闢，一而已矣。
每見青空白日，便覺心胷竦快。
水，陽體也，其用爲陰；火，陰體也，其用爲陽。水火，陰陽之謂乎！易曰：「坎爲水，離爲火」，水生于天而成于地，火生于地而成于天，此水火生成之序也。
水心實以地爲之，火心虛以天乘之，此水火虛實之謂也。
大學專言學而成德處少，中庸專言道而成德處多。
理欲交戰，其勢亦甚雄，非有絕然之力不能克欲而存理也。
一物有一理，行之各適其宜便是義，故曰：「在物爲理，處物爲義。」
士不審時而能得時措之宜者，寡矣！

處上不得乎下則咎不可歸于下，處下不得乎上則咎不可歸于上，非用意忠厚者不能。

古人之論處家，有曰義，有曰忍。蓋忍字無涯涘，義字有正救。渾然獨用忍不得，獨用義亦不得，上下名分不得不用義，出入日用不得不用忍。義與忍相濟，而後處家之道備矣。

一家之和係于主翁，天下之和係于主君。忌疑之心賊矛也，以伺察乎人。一家有之則乖爭，天下有之則傾覆。

無極而太極，無極謂無聲、無臭、無形狀之可指也。或問曰：「太極有形狀乎？」曰：「太極也，無形狀，只是已成箇胚胎子，但無施受，即陰靜陽動上那一圈子便是。及動而便生陽，靜而便生陰，方成箇天地模樣。所以，太極是無極中之胚胎，不然何以曰太極本無極。」

立天之道曰陰與陽，立地之道曰柔與剛，立人之道曰仁與義，皆承上太極動靜而生之意。立，猶爲也。所以爲天、爲地、爲人之道，大要不過如此。

心乘氣也，氣依心也。夜氣乃吾之氣，只是夜間不與物接，不爲慾擾，其氣便清明，有生息足以架閣得這心。還須晝要涵養，不然夜雖有生息之機，亦有許多勞擾雜揉，便不能清明。

# 思菴野録卷下

渭南薛敬之著
外元孫張經世校梓

知我者其天乎！天即吾心也，吾心即天也。不怨尤而但知下學自然上達，只此心之渾融默識而已。有非天之知其誰乎！此須體方得。

中庸以誠，大學以敬，此皆是聖賢實着着說出來向人警省，令自家于身心上各隨其事體貼做功夫，非有毫釐謬妄。

范文正公「先天下之憂而憂，後天下之樂而樂」，此心只是與人立與達之意。

夫婦之配偶，易道之大義焉。

作詩切在適性情之和，一或泥于對偶，便非和矣。對偶不係緊于詩家法程。

周子太極圖說本孔子繫辭「易有太極之意」，是皆以理之生序言也。故無極而太極，太極而後天地，天地而後五行。唯其有五行，是以有四時，故又總無極以來，及天地五行精氣妙合而凝，方成男女，人于是生也。非生序而何？

周子太極圖說是從自己身心上體貼出來。

易道不外人事，但不識者便只謂卜筮底看了，若但識則乾坤更別無事，都在這幾畫上。

文章高不過漢儒，謂之經天緯地則未也。

此時野馬當道，天機主張。

晉風好放達，放達甚害事，比之倨傲，不止取禍。謝安、王導、郗超、劉伶、山濤、阮籍之輩是也，然康獨不得其死然。

居官切不可驕心生，心一驕即出于禮法之外而無所不至，其禍不旋踵矣。

孟春行冬令，母克子之象。

學不本諸道，則所就終無過人之事。

陸宣公未第時手抄醫書，歐文忠公云文章止可潤身，政事方能及物。范文正公謂濟人利物，莫若爲相；求相不得，亦莫若求醫。皆仁人之言。

「濟人利物」四字畧有差，濟人便是利物，但利物比濟人又放開一步說，如遠庖廚、以時入山林、不妄侈用，皆是利物之謂。

古人起病之方其用心過今遠矣，如一方便有君、有臣、有佐、有使、有物，然後可以瘳之。不然，藥且潰，病非惟不治，而人反傷之。如用兵然，行伍步隊肅然可以勝敵，不然，兵且自亂，賊反乘之。古人云：「上醫醫國，下醫醫人。」今之學術者有此。

晏子不知孔子，而孔子于齊主之又稱其善，與人交者蓋孔子之于晏子，猶天地之于物，亦不有其誠與詐故也。

不量己而勝人，是猶不度力而勝敵者，鮮不爲之潰，其取笑于有道必矣。

過須要改，怨須要察。

諂人者自欺，甘人者自棄，背道者自賊。自欺者蔽天，自棄者忘貴，背道者戕生。

「君子所性，仁義禮智根于心」，詳味「根」字最有味，不然則色取人而行違，能睟面盎背乎！

君子所性章，今日纔切己真實着力處。

凡義理不自得，雖讀書終無味。眼雖見，口雖言，終爲外物。

學者不可不以君子所性章熟讀，打破名利關去。不然，終爲牽引，醉生夢死，做一場閑話。

余嘗以君子所性章紙寫，標榜于廳，望以提醒此心，以破除外物，以渾融窮達，以堅熟拂鬱。

敬有不存，則風聲鳥鳴皆吾敵也，客氣交雜便不得平。程子謂居敬則心中無物。能無物則天地自位，萬物自育，天下自平，何與于己，以此覺人！

思欲便覺勞擾，思理便覺逸快。故曰：「人心惟危，道心惟微。」

天地間物未有無相似者，有一物之生便有一物之似而非之，如金便有銅似之，玉便有石似之，銀便有錫似之，朱便有紫似之，如人之聖便有鄉愿似之，君子便有小人似之，智便有佞似之。推而至于物，無一物無相似者。所以無真辨假不得，無假辨真不得，無怪理之自然而物之不能免也。

古之爲治也德，今之爲治也法。

學者切患氣易盈、志易滿也。氣易盈則慕外之心重，志易滿則爲己之心輕。

涵養，學者第一事，不如此格物致知便鹵莽滅裂，做不將去。

陰陽無絲忽間斷，間斷則非生物矣。

「太虛無形氣之本體，其聚其散，變化之客形爾；至靜無感，性之淵源，有識有知，物交之客感爾。」客形之說，便是乾道變化，各正性命；客感之說，便是雲行雨施，品物流行。太虛所以至靜，無形所以無感。太虛無形便是至靜無感，天命之謂性者也；其聚其散便是有識有知，率性之謂道者也。

凡與人言不可蓄留意思，蓄意即是私。

孔子謂：「吾不復夢見周公。」自不知至于周公矣。夢見者，思之也，力行工夫；不復夢者，行之至到熟地上，自不知其至也。

天地生物之心，無一毫止息，故稱「健」。人或勤或怠。勤則爲，怠則止。即非天地之心，豈得爲健乎！

周茂叔令程子尋仲尼、顔子樂處，所樂何事？非早年語也。是提挈出個入道路頭來，告程子要見「尋」字下落，方有得處。

一家無正人則一家無整頓處，天下無正人則天下無整頓處。然正人君子在天下國家斯須不可得去，如漢元帝時節無陳蕃、周黨、黄憲、李膺等八廚、八俊、八及諸君之儔，則天下如何整頓得安妥，以爲統正之緒？

柳下惠不私夜奔之女，誠之不可掩如此。夫說者謂惠自揚而名之，以予不然，或女感其德而頌其事于人。如韓魏公之於盜，後盜棄市，自言魏公不言之故，乃謂：「使我今日之死不言，終亦不知其德。」若此論之，非人也，天也，自不令泯人之善。

天不能揜人之善，但人自不爲。詩曰：「毋曰不顯，莫予云覯。」又曰：「昊天曰旦，及尔出王。」伋曰：「莫顯乎隱。」

文中子謂「無鬼責者」，蓋示人以謹獨之意。

如今學者讀書咀嚼無味，只是不曾有自得力處。凡于聖賢所言，或是非處亦不曾見得善惡，或利害處也不曾見得死活，泛泛只做場話說，終不親切。須把聖賢言語在一邊，聲樂在一邊，于其中見得箇輕重，方爲親切有味，心自不能放下，不然仰面顧鳥，回頭應人，自相冰炭，終不着己。名曰讀書，其不爲小兒弄丸，不知充腹者幾奚！

「梧桐月嚮懷中照，楊柳風來面上吹」，此二句正是堯夫一生受用處。梧桐月照懷中，清明在躬也；楊柳風吹面上，一團和氣也。睟盎可掬，但變化氣質而已哉！黄太史謂：「周子胸次洒落，如光風霽月。」程明道云：「自吾再見周子，吟風弄月以歸，有吾與點也之意。」氣象三代、孔、孟而下，吾儒丰度數人而已。

月有九行，九行者定數也。十五以前爲氣盈，盈者進也，進而復其圓；十五以後爲朔虚，虚者退也，退而縮其圓。唯其至望而日月上下皆符如合璧，然無盈縮也。故初漸盈者復其十五以後之缺，後漸缺者縮其十五以前之圓。進而漸圓，勢上之也；退而漸縮，勢下之也。九行旋而進退之也。

只觀樂之一事，亦可以考氣化人事之得失。古之樂也和人心，今之樂也蕩人心。

禮樂興于周而壞于周。

博物而不求諸心，不過爲囊物之器而反疲之，其何有益？

正而不譎者，陽道也；譎而不正者，陰道也。其爲人也，亦然。君子之行如青天白日，小人之行如烈風淒雨。如草木之性，凡得陽者其枝柯必條達，凡得陰者枝柯必屈曲，氣使然也。

理爲天地萬物之宰制，四時、五行、十二月乃其運行，三綱、五常、十二章乃其品節，五音、六律、十二管乃其和合。

得氣之先者莫如草，其次莫如蟲，故梅發于冬而蛙鳴于春。

接人切不可急合，纔有急合，便有不忠之態。

學者觀堦草寧無動心，不然則懵頑無長進。周子謂廳草與自家意思一般，認得文氣親切。

知人本難，孔子嘗患之。人果能知之，何心不浹也？所以孔子有削跡、再逐、伐樹、微服之行，況其下者乎！說者謂朱子在宋人多不知，豈足怪也！

天地一升降爲歲，人借之幾年？期間四時殊職，形與氣相化者不知其幾千萬類，而人獨與之參，何重哉！若非及時修德進善，以副天地之才，則以朔望爲流丸，以春秋爲夢寐，逆旅過客，輾轉老之將至，其與禽獸奚擇焉！

儒先謂政治感陰陽，猶鐵炭之低昂，誠之不可掩其如此夫。

虞公之退日，宋公之徙星，一誠格之也。

窮理至性以至于命。然窮理便是盡性，盡性故吉兇禍福，窮通得喪，有所不計，便是至命，非于理與性之外又別有所謂命，而窮與盡然後可至也。

春夏顯諸仁也，秋冬藏諸用也，即此便是體用一原，顯微無間，亦所謂陰陽無始，動靜無端。所謂一原無間、無始無端者，大德敦化也；體用顯微、陰陽動靜者，小德川流也。

邵子詩云「不作風波于世上，自無冰炭到胸中」，是一團渾然天理氣象，人與己無間也。

杜牧阿房宮賦極言其侈麗速亡之蔽，有諫諍忠愛之體，非泛常之作。

但有一言欺心處，便覺自有不安。

性離卻氣不得，猶水離卻土不得。水非土無以爲性，非氣無以著，一而已矣。

「善反卻亦理做主一般，氣質不過只是血塊而已」，張子此言誠有以發前聖未發之旨。

心稍不存言即妄矣，故曰：「言者，心之聲也。」

爲人之學放心也，爲己之學存心也。心存則不知外之顯晦，心放則不知內之輕重。

涵養非靜不可，涵養只是從容中和底氣象。

進德須要擴充其量。苟量不充，德終爲之壞矣。

學者讀書知得涵養工夫，方見得學力有進處。

吾恨生質醜惡，每于人接不得其意，或以貌或以言見惡者十常八九，卻喜其于所失者即有所感，故凡事親、交友、兄弟應事處物之類無不感而平心易氣，稍有成就，皆吾師也。故與默處特疏其姓名，以爲警悟之策。

喪者之側最好觀性情，恬然不動于中者，不仁之甚者也。

凡有物則有氣，有氣則有理，必須氣而後著。若無氣則無物，卻說個甚麼理？

近日靡風相高，皆有位者之所召也。

邵子不與欲立異言，只是不仕爲急。

無可無不可之言，孔子未嘗便以時中之道自任，只是後來便以此目之，當時孔子只就道箇不拘攣底意思。

世治有靡風，世亂有忠誼，陰陽無始之謂也。

古人觀士，在貧賤時最得淺深節量。

程子謂君子視天下無不可爲之事，以聖賢論也。若一概言之，則爭多少涯涘。

爲宰相而畏閹豎而不能立事，則燮理之責可知矣。

成大事者須要一衆心，衆心不一則事不立矣。

古之人視天下如敝蹝，都是從操危慮患中來，見得此物無益于身心。

今之學者往往輕漢儒，不知漢儒者也。漢儒尚有物，獨不知有心，今俱亡矣。

君子之道本諸身，以下數事，方見吾儒之所學一古今，合天地，貫幽明而無外也。

莊子一書讀來嚼其義味也，是道理之爭，凡開口便借喻狀其事。如養生一篇，大槩只是說個養生本其自然，不可矯揉造作，不惟無益，且亦有害，便借庖丁底事喻說，有多少骨節，識得底認得是說自然，不識得底讀了後只做一場夢。不似聖賢說話平易，說養生之說養生，說自然之說自然，不如此蹇險譎澁，其不可與入堯舜之道也歟！

「窮」字義味，學者最要識得。破賢愚之界於此乎判，舜便守得益力，蹠便守不得。

孟子謂伊尹聖之任，只在任上認了，若將他出處來看，儘有可觀，便是堯舜也不過如此。

有不着天下底胸次，方有任天下底度量。

儒先謂伊尹是兩截人，只是就桀就湯處言之，愚未敢信然。

觀正叔被召，進退不過是潔，「去就」二字之義及入對經筵事節，與蘇軾辯論吊歌事狀，亦不過事君做事親體面，衆人非不知此段道理，但溺于利禄嗜慾，不能體貼親切，着力不得，嗜慾鶻鶻突突無主張，做不出此事來，反以正叔爲儉巧牴牾不合有如此，忤謗詆毀。當時諸公若見得真識得正叔是，不愁不能變宋爲唐虞矣。豈正叔真有枝外生枝、節外生節、取媚當世、色飭天下哉！

蘇軾只是個儁才底人，不知正學。有如此才質，天若假之，知正學點化，將來不在孔門諸弟子下。

程子進劄子，要殿上坐講，以養人主崇儒重道心，其以進君德而退嬖倖也，如唐虞君臣進納相拜，有何不可？顧鄙之反以爲山中野人，不知朝政，縱使坐講，不爲人臣乎！

正學一事，乃天開地闢，凡聖賢出世來之正脈。人生而不知，不幸莫大焉。

正學者，格物窮理之學也，不高厚，不幽明，不動植，不鬼神，不古今，不窮達，不物我，不精粗，一以貫之者。

「形色」二字，在萬物要認得。如在動物上，凡所動者皆形也，所動之具者皆色也；如在植物上，凡所植者皆形也，所植之具者皆色也；如在人上，凡所謂人者皆形也，人而所具者皆色也。推而至于一顰一笑，莫不皆然，亦如天之形星日風雲皆色也，地之形山川草木皆色也，山之形峰巒岫谷皆色也，水之形清濁波浪皆色也。有一物之形，即有一物之色。未有無形之色，亦未有無色之形。形色自離不得，不假人之雕刻而后爲也，與「氣質」字類。

偶聽雀鳴，則理氣好不容隱。

理氣能生人，嗜慾能死人。好晉人之放達、幻妄、怪誕者，皆嗜慾使然也。

恨予早無得學，但晚年得此佳趣，急便做大，根脚不成也。須隨事徐徐做去，看後來還有成就處。探討宋時朱老也，須從這項路頭進去，惜當時無一人知者，止得東萊、南軒一二人相友磋磨也。還潛踪匿跡，幾時敢大露個頭角，表標在外？而今多少惠在後學，到是當時無一人知得，今時無一人及得。

唐虞文章，檢束平淡，和易近人；商之文章，便縱一步，有許多狀喻；及讀周之文章，又商之遺脈也，愈加寬散，又遠而至于陰溢枯梗，人不可曉，非氣化之漸歟！

讀尚書二十年，今日纔得個九疇到心裏來。

九疇雖本禹，第箕子不過推而演之，至于庶徵「庶民惟星」一徵，却是箕子自添一段意思。然王與卿士、師尹，莫非爲民。民之安否，苟爲不知，雖有所省，其要安歸？此箕子一段補禹疇未備，萬世下君道者所當知也。

九疇大義，禹治水之功，胼胝疏鑿，心勞力悴，後直至天平地成，六府三事允治，天不淹沒，以使龜負文出于洛，以表其德，禹于是若不會神聚思，以發天機，似有以負天意，何以貽治天下之大法也！當時龜負文只是有個九數，故禹乘天惠，詳數會，理成個天下致治大法，數有一二三四五六七八九次序，故繫理有本用、本末之次第。蓋五行之形與質所以成人成物，渾淪天地，故第之一數。一者，萬物之權與輿也。疇曰：初一，五行此也。既有五行，而五行之所以成者，秀靈莫過于人，故五事第之二數。二者，一之生也。人之五事非五行之生乎！疇曰：次二曰敬用五事此也。既有人，須有生而養。生之本莫踰于農。農雖有八政，而下七者皆維持農之事，故第之三數。三者，二之生也。農之政本人而生也。疇曰：次三曰農用八政此也。養生之政尤不能無早晚，苟不知之農不立矣。如天欲利之而何知爲，天或禍之而何知避，故五紀第之四數。四者，又三之生。五紀，又農之生也。疇曰：次四曰協用五紀此也。然人生既有所養，不能便無彼強我弱之勢，爭亂所由生。人雖有生，則何爲哉？于此又不可無箇君長統而治之，故皇極第之五數。五者，天地之中數也。然數至五而爲中，至此不能無君長。五雖乘四而生，然因一二三而來至此中也。非禹有意五居天之中，而皇極第之五也。疇曰：次五曰建用皇極此也。既有君長，何以治爭亂？須以正直剛柔兼濟，乃能成治。不然，或正直恃其天資，便有過剛，否則失柔，而或剛柔亦不能無弊，何以統馭天下哉？故三德第之六數。六者，五之生也。三德者，君之馭也。疇曰：次六曰乂用三德此也。然君既有統治之方，日來萬機，聰明有限，其或未決，爭亂何由而息乎？尤不可不稽，然不稽而疑謀不可成，其于治天下之德以亦爲虧矣！故稽疑第之七數。七者，六之生也。稽疑者，治之積也。疇曰：次七曰明用稽疑此也。然疑明治得，君道不虧，夫何爲哉？于是或休或咎，又當驗之于天時。所行得則天時驗我以休，所行失則天時驗我一咎，此徵一疇，又君道自警惕之要規也。故庶徵第之八數。八者，七之生也。庶徵者，係疑不疑，治之得失也。疇曰：次八曰念用庶徵此也。然庶徵驗君身之得失。然而而天下之得失，何制之哉？于此天下能遵極之治者，五福享之，否者六極，威之如此，君道不失，民知有畏，而致治之法無餘蘊矣。故福威第之九數。九者，數之將終也。福極者，雖本之天，而用之在君身。威之者，君道之極致也，故以極致之法而係之以終極之數也。疇曰：次九曰享用五福，威用六極此也。然此便是蔡仲默說底本之以五行，敬之以五事，厚之以八政，協之以五紀，皇極之所以建也。詳味所以字，便是這四者。上要立個皇極出來，不立不得也，又說乂之以三德，明之以稽疑，驗之以庶徵，勸懲之以福極，皇極之所以行也。又當詳味所以字，便是這四者，是皇極行底事也。然數雖有九，而五居中。非欲居中也，而數之生生自然居中也。疇雖有九，而皇極居五。亦非欲五也，而疇之相須自不能不居五也。禹何增智力于其間，安排布置而居中居五哉？是禹不能加毫末于龜文，而箕子亦不能加毫末于禹疇也。

想朱子當時說「忽然半夜一聲雷，萬戶千門次第開」，是頓悟底言語，料必在本義前作。然于易若不得此詩，亦未必得本義。學者凡有聖賢言語，須要先觀氣象，方有所得。

太極者，只是理氣之總頭處。程子謂「體用一源，顯微無間」，即便是象數形器，未形與已具，互相脗合，離卻不得。析而言之，一言一行，一事一物，無適而非太極之體也，而非太極之妙也。

山下出泉，靜而清也。汩則亂，亂不決也。然人之性善不善可知矣！程子以水喻性善爲說，其必有得于此歟！

讀西銘理一分殊句，放而言之，則天地萬物渾融是分殊而理一也，逐物思之，則逐物上各自有箇理一分殊。

西銘一章，張子分明寫出個萬物一體形狀。

吾道正如一株樹，孔子在春秋時纔提起個形條栽下，若吾曾子、子思、孟子數賢接踵培覆滋養，亦無許多枝榦。再無周子、程子、張子、朱子以下諸賢，亦無葉蕚華實，方成一株樹，做個大陰涼。蓋天下萬世，人心不至放逸、走作、赤露旁邊去也。

帝舜命伯夔典樂，曰：「詩言志。」蓋志者心之所之之謂也。之，往也。如心欲往所在，便是以詩形容：如欲往富貴，便如杜甫詩言「錦衣繡襖軍十萬，玉簪珠履客三千」；欲往道德，便如康節詩言「欲爲天下屠龍手，肯讀人間非聖書」；欲往隱幽，如李商詩言「奮迅遠尋青柏處，盤桓深隱白雲間」之句，皆是言心之所之便是詩，不欲激亢燥烈。今之作詩者，不達諸志字之意，開口道「詩言志」，便欲以氣凌人，以勢焰時，下筆即欲上人。殊不知，一失平和之氣，再失秉彝之美，非作詩者格律也。三百篇詩在「思無邪」，其學詩之要經，開心之戶牖也歟！

人嘗謂性分、命分，何也？曰：「性分指理而言，命分兼氣而言。本分字在聲韻爲分，只如今人說某一分、某一分。某一分多底也是一分，少底也是一分，多少在物，分無增減，氣有清濁純駁，分只一般，便似而今人說個分限，是已分定了。這分定之分字又平聲，分開爲分，孟子分定是也。性分、命分指理氣而言，本分、安分指所受而言。又有謂分限、分數、分定，此又無增減之謂。」

偶撿醫書，得某物性熱，某物性冷，某物性溫，某物性毒，此已枯朽之物而性尚在，人得以活人。不知人死而性尚存乎？曰「何不存？醫亦有用人骨可以附瘡者，此性皆氣質之性。然既有形而氣成跡，雖生與枯自不能爲之摧折。若論本然之性，一有虧則不復著矣，人物豈差殊哉！」

人勸其治宅第，范文正公曰：「人苟有道義之樂，形骸可外，況居室哉？」此言可爲內重而見外之輕矣，但味其言則有不可安者。然道義者，吾性之所固有，秉之以形骸。如有道義之〔二〕樂，心自廣，體自胖，無適而非樂矣，豈有外形骸而爲樂哉！外形骸而爲可樂非吾所謂道義之樂，而佛老所謂超升飛化之術也。

心不可一日一時放下，鄒、魯、伊、洛之地不去遊，便入榛莽之路，與草木中鑽穿，豈能擡頭得？

聖賢也不必多讓，若見得是，則也便一般。

聖賢一讓，則自棄之心生而學不獲進，此庸人之劣質，學者通病也。

學之成聖成賢，只好一部大學便了。

道不合者雖親若兄弟而不能契，心不符者雖諧如妻子而不能同。

嗜學者自不知隆外貌。苟言貌一飾，則放辟邪侈，無所不至，何足言學？仲尼謂「志于道，而恥惡衣惡食者」以此。

陰陽無盡，卦畫無窮，但伏羲始摸出陰陽相交之象，所以便作卦。只緣羲前無卦也。

昔在燕邸讀宣和遺事，不覺感憤，何當時左右無人而使國家破亡至于如此？今讀朱老封事，連篇累牘，竟日不輟，其忠肝義氣，烈日爭光，又怪當時之君無一言有動于中。噫！春秋之有仲尼，高宗之有晦翁，豈非天歟！

閒讀溫公資治通鑑，斷例嚴謹，字格非凡，其相業炳烺，皆非一時流輩可擬。況又時與程家兄弟籍資論理，非深于道者，有不能及。觀疑孟子上下篇，與李泰伯常語、鄭公藝圃折衷等文字，何又不識義理，不識聖賢如是？

朱子補格物章謂「眾物之表裏粗精無不到，而吾心之全體大用無不明」，此便是窮理後貫通處。表裏以內外言，粗精以稟質言。全體指其初而言，大用指其充而言。

---

〔二〕「之」關中叢書本爲「以」字。

如有所見不去截斷，爲人終爲俗學所陷，正所謂見害不避則害隨之也。日蝕者陰掩陽也，月蝕者陽掩陰也。陽之蔽陰，自然之象，乃男之綱婦，君之綱臣，君子盛小人，中華主夷狄，無異議也。惜乎光晦于天偶變非常之兆，故不得不救之也。救云者所以示天下萬世親上、死長之義，觀者以意逆志可也。

刑非聖人之本心，但不得已而用之，故舜有明刑弼教之語。古來聖人何嘗便用箇刑去治人？古來人何嘗便來去受刑？自是，從生人來氣質漸流底薄了，便做不好底事，聖人便去將刑來治之，只是要他歸復生來氣體，何嘗外生一刑，外欲一事哉！

天地一元之氣，非降消息無頃刻停止，但高而爲山，平而爲川矣。平則活動，高則靜謐，二者互相倚伏也。說者謂高則能興雲致雨，平則不然，予未嘗見地無氣有間矣。儒先謂地氣騰，總山川言之也，故雲雨去人高，然後見之，似獨謂之山，其實氣之興致無上下也。易曰：「易與天地準」，最形容得元氣渾淪好。

學者之造道，須掘得源頭活水，然後流脈無窮，否則終爲俗學而陷于漢唐陋習，其與聖賢立言教人何如哉？當時孔子在魯得三千之子，優遊涵泳，終日只是調護個德性好，凡問政、問仁、問事、問禮與行，不過令氣質不令走作，掘得活水出來，所以只與顏子告個活水要約。

孟子曰「君子深造之以道，欲其自得」章，乃得孔子不傳之秘，孔子默而識之，孟子自得之謂也。

夜氣與浩然之氣不同，彼以全體言，此以生息言。但浩然章主于氣，牛山章主于性，學者互相考之，有以知性氣之不相離也。

張無垢中庸解逃儒歸釋，固不足以語道，然渾篇卻用戒慎恐懼字，則亦是敬畏底人。第不知道，連敬畏都差了。如無垢解此天地之所以爲大章云：「論至於此則夫子未嘗死也，觀乎天地此亦夫子之乾坤也。」然「死」字雖粗鄙淺露，卻也識得夫子與天地一般。

讀滴水集朱子謂鯀事化熊，又謂廟象爲元熊，熊首類豕。漢書說胡母后處注中言禹亦變熊，塑禹像爲豕首。予嘗思之，切不應禹爲聖人，鯀亦當時聞人，則堯舜之庭有此臣也。況當時氣化大行，人文大著，鯀、禹豈有此像？恐亦鯀、禹之在當時，或面部喙長無肉，人以熊似之，如而今相書畫有虎形、猴形、鳳形之説之類也。若變而爲熊之説，謬尤甚，豈善識聖賢者哉！

和靜謂放教虛閑，自然見道，此言亦有禪家默坐待悟之脚草，豈謂虛閑便見道？如今有木訥底人，無事獨坐一日，道何從出？虛閑只好做道問學後底事，打點得一二分，停脱有個入處露頭，豈能就彼謂之見道哉！

程子謂「立言當涵畜意思，不使知德者厭，無德者惑」，此言真有道之言也。只是言不欲露，令人輕忽，如傳易序云：「體用一源，顯微無間。」一日告和靜曰：「此言太洩露天機。」即此意也。

嘗見李侍郎敦立座右銘曰「磨兜堅」三字，初不知其意，後究竟得，乃古人三緘其舌之謂，故書此於腹曰「磨兜堅」，甚勿言，畏秦禍也。以予思之，「兜」，裹腹衿也，故銘于腹，謂腹之磨兜尚堅。謂兜磨不得也，況可輕易出其言以招禍乎！是時秦刑濫熾，恐有言以招之，故銘之以爲戒也。不知是否？

读朱子全集，然後知朱子天分之高，學力之深，人學不得處，説者謂孔子之復生。

君者天地之心，凡陰陽予奪災祥之所召也；心者君之君，其善惡是非吉凶之所召也。一理氣之自然。君以心喜怒而天下生死也，天地以君善惡而四時災祥也。是天地以君爲心，而君不亦爲心之天地乎！然天地者君之身，君者心之身，則萬物俯仰而泰否爲之召，有天下者可不慎哉！

程普以年長數侮周瑜，瑜折節不與較普，後自敬服而親重之，乃告人曰：「與瑜交若飲醇醪，不覺自醉。」足以見瑜之德器有以攝服人者，惜才不足而不能輔君成德，以成忠良之名。

躔度云者天如倚，蓋其勢而北高南下，日月旋其中而行之，故曰「躔」。

日行之速，陽過健也。

陰陽者在天，理之使順其度在君相。

季札既使反國，路有遺金，見五月披裘採薪者，指而謂之曰：「得拾遺金而可易富乎？」薪者曰：「自處何高而視何下也！」意在拾金肯五月披裘採薪乎？噫！遺金尚恥，況取金乎！古之士也。

說者謂孟子不知易，而知易者莫如孟子。然孟子何嘗學易？只是七篇遏人慾，擴天理，隨時處事，窮理至命，便是易，何必學易而後言知易也！

聖學之妙，雖孔門諸賢尚未有知者，況俗儒辭章記誦之陋，陷溺之久，謂能知乎？故仲尼發子貢多學之問。宜乎！百世之下排議譏誚而不能免。

良辰美景，光風霽月，恬然不惜而不知學，難矣哉！

張子見道最瀟洒，大節上尤分明，如說天地處便道：太虛不能不散而爲萬物，萬物不能不聚而爲太虛，循是出入者，皆不得已而然，是何等胸次！今學者未易到得恁氣象。

孔子在魯教人，只是平常言語，無此子高遠驚駭底氣象，令人懸空妄想無入處。

孔子教人千言萬語，只是欲陶鎔人底氣質，何嘗有一言談天論地，眩人高遠，真萬古聖人之德言。

顏子胸次直不可以品諸子，在孔門只心潛聖人，不多言，如一問仁便得心學之傳，再問爲邦便得帝王之事，諸子如何學得到？

程子之于道，大抵造之之深，故其言之之遠，一言半句，後人長篇累牘，發揚不盡。儒先有謂程子一語包得朱子千言萬語，朱子千言萬語只見得程子一語，其淺深可見矣！

程子之學樸，固不可窺其涯畧。然大段程子在靜上功夫多，朱子在動上功夫多。

程子謂：「所欲不必沉溺，只有所向便是欲。」以予思之，沉溺固是欲，然但謂向卻也便是不欲，只一偏于向便是欲，方得未知是否？

朱子謂「元天幽且默」，仲尼本無言，其得天地聖人之心乎！

生死者天地之常，理之一動静也，感而猶有一惻怛不忍之意者，乃生物之跡耳。

氣化無跡，形化有跡，盡性者能一之。

看來「公」字與「仁」字一般，只爭改頭换面，無個界限、畔岸之私，便叫做「公」。

人不知其言而强之，不唯不能受，抑且反咎其非。聖人曰：「中人以上可以語上也，中人以下不可以語上也。」雖所以示當時教人次第，亦所以爲萬世下謹言者戒之也。

燕雀之于鴻鵠同飛而摯不摯不同，虎兕之于麒麟同走而仁不仁不同，君子小人豈同道哉！

交淺而言深，君子不與恐貽害也，故君子信而後諫其君者以之。

處其身于不潔，非學道之人也。故伊尹去與不去，在潔其身而已。

茂叔令程子尋仲尼、顔子樂處所樂何事，然樂非可尋，「尋」之一字謂非見道，脱洒分明實有，如何道得出？

爻象聖人謂「復，其見天地之心乎！」先儒謂「静能見天地之心乎！」或問曰：「是天地有二心歟？」曰：「不然。復之見者只是於陰陽消長上見個天地生生之心，是不息底物一事而言；静之見者，静中無思無慮，何所見？只動便見箇天地純正之心，不容私隙全體而言。然心豈有二乎！」

大凡處事，須是圖遠，否則便有礙。圖遠者不是教人學厚，亦是處事之要規也。

伊川上文潞公書求龍門菴地，其詞在他人似有歉，在伊川則爲適。

陳仲弓與荀氏父子會，史有德星聚之占。以予觀之，不過偶然耳，不謂之感則不可。

聞道易，力行難。行每有着力處，則其道自見。

近讀易來卦畫，無窮推類，以滿二十四畫，則百千萬億之卦，皆可引而伸之矣，止于六者，大坤用六，生之母也。

蓍筮者伏羲之易也，卦爻者文王、周公之易也，繫傳者孔子之易也，傳者程子之易也。卦不生于蓍而生于河。然河圖者作易之源，筮蓍者學易之教。

生蓍在卦畫之前，蓍筮在卦畫之後。卦畫之前自然之易也，卦畫之後勉然之易也。

伏羲只是在天地萬物下模範出個位次，以體言也；到文王時，開口便把天地萬物撥剔出生意，以用言也。

一部易書，開豁多少學者胸次，只爭氣量所見不同。自漢唐下異議百出，汩惑學徒，幸天自不絕，生宋諸儒，程老闡羲、文之源，朱子揚羲、文之波，然後易道大明，不復前日舛錯謬戾之蔽，學者得有所依據。不然，只做一卷卜筮書，終只做個嚴君平、司馬季主底算子而已，何益于道？

學道者不知易則不謂之知道，孟子緣來天分高邁，行止久速，辭受去與，皆足以合易道，所以先儒謂孟子：不知易而善用易者莫如孟子，不是爭些子不入在老、莊、列御寇浪裏，終身沒溺不出。

韓信請假王鎮齊，知者爲鎮也，不知者爲請也，未央之擒實兆此耳，謂之謀士得乎！

酈食其說漢分王鎮，張良非之。但天下未定固不可也，若承平之後，食其之言終當歸允。

凡讀聖賢書，不可以俗心窺伺聖人大度。

聖人之言，不假雕刻，如造化之于物，渾然天成，不容一息罅隙。

道理容不得隙，一有私意，便有許多洩漏看不到處。

人有一分涵養，便有一分氣質，如爐火文武取熔底物，便有真僞變態。

吾夜愛月，坐至夜分，萬籟寂然，而蟲鳴葉落，不勝其秋韻。以此觀之，不可謂夜靜。儒先多以夜氣爲靜之說，而夢寐錯擾多少紛紜。又多以復卦爲配冬之議，然其卦名雖謂之「復」，其間生生之機已在動之之端，亦不可謂之靜。曰夜，曰冬，曰復，雖名曰靜，而動之兆已萌于内。程子動靜無端之說，深見得破要在識其端。

五聲、六律、十二管，還相爲宫，只是無始之義。在五聲之中，如舉一聲而各聲皆備；六律之中，如舉一律而各律皆具。不然，則自不成聲律也，亦自然之數相感而成。假若春焉而木屬之，其土亦旺于其間，而金水火之性各無不具。若夏焉而火屬之，而土亦旺也，木火金水之性亦無不有。以之秋冬皆然，還相爲本，亦爲宫義也，味當見之。

胡雲峰發明「優勤惕厲」四字，聖人之所以爲聖人，常人之所以爲常人，係乎爲不爲之間，則其所存亦可見也。

慶源、雙峰二子，問學遠且大。

惺惺法者亦是不死心之法，若死則便不惺惺底矣。「操存」「省察」便是活心不死之法，如藥病然。

讀鄉黨一篇，重見聖人一番。

水火金木土者，氣化生五行之序也； 宫徵商羽角者，五行生五聲之序也。

十二鐘者，律之別名也。

律呂之說多不可曉，若欲本諸黃帝取嶰谷之竹截爲十二管，則鳳凰之鳴，雌雄之聲爲說。然鳳凰之鳥，其雌雄之鳴，豈止于六哉！ 若欲取元氣之動相生爲言，則冬至子之半而一陽生，是爲黃鐘，不應十二月又生大呂而陰也。十二管爲律，十二管豈不應爲律乎！ 冬至後而陽氣升，黃鐘候而應之，豈又有陰氣降而候之理乎！ 似此必有其說，說者謂德性淳厚者能知之。豈淳厚之性之人不待其說而知之乎！ 姑記之以俟有道正焉。

律呂一書，蔡元定創作，朱子稱其超然遠見。以予考之，以爲未的。如五聲未見所以爲宫爲商爲角爲徵爲羽之端倪，徒以數而相生言之，此不過前人成說舊跡。如十二律，亦未見所以爲十二律之機緘，但不過在黃鐘上打鬧者。誰不知道萬事本于黃鐘，卻亦不說黃鐘生十二律也。只是在成數翻來覆去，推實正變之目，源頭處卻半點口開不得，自令學者糊惑。識數者終得之。若不明于數之開除乘減之法，讀一會兒到了，說個甚，于此亦足以見蔡氏之學。

閑中偶思孟東野，在當時霸陵雪中，何必如此之甚？ 只是不識性，無檢束。若識得個性，自能尋向上去，便自會點檢收斂，無許多勞攘。說者謂漢唐道學不明，信夫！

輕率之人多不能勝重，分量不足故也。

古人謂恩讐分明，非有道者之言也。無好人，非有德者之言也。然有道者見道分明，以天地萬物莫非己也，奚恩與讐之足較乎？ 行道得于心，其量自能充擴，包含徧物，豈有無好人之言？ 發乎道德之人，自然無此氣象。

二程與朱子之不成禮書，則人文之不幸也甚矣！

天高地下，萬物流行，分明個禮樂自然。

天尊地卑，乾坤定矣，天地之禮樂也。卑高以陳，貴賤位矣，人之禮樂也。方以類聚，物以羣分，萬物之禮樂也。學者要識得儘，見識不窮。若不識得，則一物亦推將不去。

道化與治化異。道化，儒也；治化，吏也。

忠經，馬扶風作之以擬孝經。自無孔、曾氣象，若見得道理，分明又別有一段説話風骨矣。

三百篇之詩，皆是胸中心肺，不見一毫推敲斧痕。

禍兆于幾微，一或姑息因循，便至于漸著不可拯。

凡事幾微不謹，後必至于悔，故易獨慎之。

惡多生于善，兇多生于吉，憎多生于愛，皆不慎之致也，故易聖人有先庚後庚之戒。

天爵人爵，孟子最拯得人詳細、分明、曉破。

溺于人爵者自會輕天爵，篤乎天爵者自能輕人爵。非卓然有爲者不能，吾道君子自有分曉。

剛不見鋒，柔不見屈，和氣藹然，迎人可掬，吾儒晉王羲之蘭亭字也；丰神秀異，步驟飄逸，氣宇不凡，適出人衢，無如唐李邕娑蘿樹碑也；步履不俗，動止禮法，一點一畫，金液玉骨，再無如唐歐陽詢九成宮碑字也。以書法歸宿，王字無如李字之精鋭，李字亦無如歐字之純慤。約而言之，可欲之謂善，歐字法也；充實而有光輝之謂大，李字法也；聖而不可知之謂神，王字法也。不知有道者爲何如？

「天道虧盈而益謙，地道變盈而流謙，鬼神禍盈而福謙，人道惡盈而好謙。」變其虧之意也，流其益之意也。禍福好惡，幽明之分，人鬼之殊也。盈者有餘而謙者不足，其虧益變流，禍福好惡，一自然之勢而已矣。

纔有爻，便有卦。卦因爻而立，爻待卦而明。神乎！德行存乎其人也。

六十四卦皆因爻而立，然非擬象之明，理不苟出，故曰其初難知，其上易知。初辭擬之，卒成之終。若夫雜物撰德，辯是與非，則非中爻不備。初者，初擬象也，理欲之戰必定而後名，故難；上者，象擬成也，只是推終極之義，故易。雜者，非駁雜之雜，參互錯綜，擬議之義也。撰，不過度之意也。合而言之，皆謂擬象名卦之義。但初爻比諸五爻爲難，五爻皆自初爻而出義也。

夫子十翼之作，或得之卦，或得之象，或得之爻，皆易外傳心之典。说者谓孔子明畫指伏羲，明爻指文王，而惜不及周公之爻。文王、周公父子也，殊不知舉文王之易而周公之爻在其中矣。

朱子繫辭不取程子之傳。程子意者六四卦之義明則夫子之傳可得而知矣，故詳于卦爻而畧于繫辭，殊不知程子傳易是別畫出個易來，學者要識得。

人會得來則雜物撰德，莫非是理；會不得則只是幾，畫有何益？

易之存乎位、存乎卦、存乎辭、存乎介、存乎悔、存乎其人、存乎德行之存，猶在也，非存之存，亦非存之之存。

學不能位天地，育萬物，終不足言學。位天地，育萬物之學，用些子工夫便是。

識得位天地，育萬物之學，全不用功夫，謹獨便是。

古之學也成人，今之學也廢人。

黄帝命大撓氏以定甲子，想必大撓之前亦必有開物之人，以作之者以前民用，故大撓據以爲今日之位次。不然，黄帝之時，自天開分儀而象著之時已不知其幾千〔一〕萬世矣，何以突生大撓而承黄帝之命以起甲子？則安知其今日之爲子耶？爲丑耶？爲寅耶？卯辰巳午未申酉戌亥，皆不可得而定矣。今日之吉凶何知之耶？此必有神知之人以前之也。

邵子謂三十六宮都是春，謂六十四卦皆生意也。

〔一〕「千」：關中叢書本爲「十」。

聖人非有意于止在六十四卦也，不過就羲畫滿八數也。引而伸之，觸類而長之，則百千萬億皆成卦。

掩耳盜鈴，其實欲欺人，卻不知欺了自家。

一念之惡不省察，剔去底早，終必至于大憝。

道理不仔細體貼，終成鶻突，非學也。

五經四書，今之學者問着口便能道，只是去做釣名利底竿子，看了竟不知道爲何事。

堯、舜、禹、湯、文、武、周公、孔子、孟子，只是盡得本分底腔子，曾不能道外另行一步。

學者要會得仕而後學字義味路頭，理會得此學即此是學道不遠矣，今人但爲仕隔了不識此，無仕者亦不識，只爲這科舉文字壞了。

# 跋

薛標

夫子祖所著有野録諸書。高祖廩膳生，僅克守成。曾祖進士，初宰內江，欲宏祖美，遂刻野録廣其傳。祖舉人，會地震俱卒，書版失遺。父庠生，多病而家寒，幸張表叔連第鄭重先人之遺録，憫念後人之失傳。標從學門牆，屢命搜遺。萬曆壬寅歲，標赴省考試，偶于書林得野録一部，表叔張兵憲欣然重刻。故六世家孫標謹跋，以志先業于不忘云。

萬曆辛亥八月六世家孫標謹跋

# 思菴野録後序

陰子淑

道以言而傳也，人之言出於心。心明於乎理而無蔽，則言純乎理而無蔽。雖言也，道也。思菴先生野録之著，其爲道而立言也哉！稽之三代以前君聖臣賢，而道大行，雖無言可也。既而周衰，吾夫子以天縱之聖講學洙、泗，以授其徒。嘗欲無言矣，而竟莫能已乎言。如六經之删述，論語之問答，言也；曾子傳之，子思以授孟子，而有庸、學與七篇之作，亦言也。言與道俱昭，如日月之麗天，大明於春秋、戰國之世，亘古所未有也。後雖晦於秦漢以下俗儒之辭章、老釋之空寂，而斯道之緒猶綿綿弗絶，故宋之諸儒得尋其緒紹之，刓精竭慮，探本窮源，而建圖著書，言亦富矣。子朱子又會諸說而折衷，以至當歸一之論見於經傳及語録，所載既詳且盡，由是道之隊者續、晦者明，如孔、孟復生於其時。言之足以傳乎道也如是哉！自宋而元，入我國朝，聖聖相承，治化丕著，而碩儒迭生，其間先生其尤也。

先生生而穎異，早遊邑庠，注意乎聖賢之學，日以著述爲事，而不拘拘於舉子業也。是故，自性命彝倫至於禮樂名物，自聖賢經傳至於諸子百家，大而天地山川，幽而陰陽鬼神，微而禽獸草木，無一物不具乎理，無一理不屬於心。先生於此靜存動察，博學慎思，而且辨其是非邪正也甚悉焉。凡思辯所得，即忻然落筆，雖夜必興，燒燭直書之。間有以吟咏。識之者不穿鑿以爲智也，不蹈襲以爲高也，不怪誕以爲奇也。二十餘年，所著幾百萬言，所以闡是理之竅妙至矣、盡矣。雖聖人之復起，當不易其言也，因名之曰野録，自道也。發濂、洛、關、閩之未發，而裨於洙、泗之教也不少。非明乎理者，烏能言之若是邪？嗚呼！斯道之傳，其在是矣！先生即歿，呂太史誌其墓，槩謂鄉人於先生初則驚駭，且疑其迂怪，後或又疵以不情。及入太學，人咸推重稱爲「薛横渠」，以其生與張子同其地與學也。仕而刺應州，善推所學以膏澤應之人。人懷政教，立生祠祀之。九載考最，感朝廷褒異，追贈及親如其官。尋陞先生金華府同知，東南學者摳衣門下數十人，戀戀不肯旦夕捨去。以是徵之，先生之學，有體有用，豈言而行不逮之比哉！其孫祖學、克繩祖武。正德十年春，由進士來令吾之内江，首以正學諭人士，崇儒道、闢異端，毀淫祠并釋老之宫凡幾處。幾一載，政教大行而革心從化者未易縷數，風俗一變，源潔流清，信矣！余力欲謀梓行是録，以公於人，儒學司訓朱君芾見之甚喜，而力贊其成，屬余序其後序。余奉讀未竟，擊節歎曰：「天之生人，何代無賢？先生則賢於人遠矣！顧余何人，而敢序此邪？然因先生之言，信其道之所在，而傳於天下後世也必矣！」強而序之，託名於間，不亦幸哉？先生諱敬之，字顯思，思菴其別號也，姓薛氏，陜之渭南人。所著有道學基統、洙泗言學録、爾雅便音、田疇百咏集、歸來稿、定心、性説等書，野録其一云。

賜進士出身貴州按察司副使内江三可生陰子淑謹書

正德十一年丙子春三月

## 賓興綵旗聯

渭南薛楹撰

天啟辛酉應試七十七人

南居仁 太僕公子

東里世懷珍吐得戛金擊玉之章欽祖孫父子濟美

南宮人奏賦顯出居仁由義之學誇叔侄兄弟齊名

朱可裍字仲文

學貫天人可卜今秋登月殿

文冲漢斗應知來季步天街

黄大本

黄甲聯登運啟五百年際會

青雲蚤步時看九萬里扶搖

范希曾

學希孔孟顔曾焯爾文章斗山

業駕夔龍伊呂矻然砥柱乾坤

辛炳翰

炳蔚文章恩賜宫花歸翰苑

巍峩科第輝沾御酒赴瀛洲

李孕英

河嶽孕精英四世青衿炫耀

朝野推俊傑一時紫綬崢嶸

扁應舉

展足上雲梯應捉月中玉兔
舉手下香餌直釣海底金鰲

盧鴻洊
早薦鄉闈鹿鳴處三秦吐氣
榮登天府鴻唱時四海揚名

盧彥 字士美
彥士毓茅廬精聚山川生光彩
美玉出韞匵輝騰日月敷英華

孟紹聖
紹孔孟之聖道統宗衣鉢
對天人之奇策學有淵源

盧崇體
崇文體於棘闈廉内共稱文體正
書姓字於雁塔海外咸聞姓字香

田積
真儒挺生鏖戰高標上第
英才崛起唱名適奏五雲

黄琦
黄榜標魁名足踏青雲辭白屋

彤廷射奇策手攀丹桂上青天

霍秉寅

持敬入棘闈筆掃龍蛇辭泮水

秉寅登杏苑胸藏錦繡宴瓊林

李時行

側耳聽春雷四海聲名齊應響

挺身行月殿一時人物盡傳名

林茂

杏茂上林應報泥金佳信

桂芳月殿蚤傳奪錦先聲

王爾璧

奎璧聯輝賢相薦君遊上苑

蓬瀛覽勝明王招爾任中台

# 思菴薛先生行實

六世孫庠生薛楹仝男庠生齊芳、正芳編次
外元孫庠生劉名世
張經國
谷敏思
谷敏辨
李爲柱
張　志
後學官生南居仁
舉人李夢麒
選貢李穎栗
庠生侯慶雲
黄　琦
王文源
賈　賡
朱可衎
咸寧庠生綫純然

任國珣

長安庠生馮康年

馮嘉年　仝校

蒲城舉人後學李桂蟾

臨邑選拔貢生孫復禮

邽城後學銘若王四箴

華陰舉人後學郗邦樞　仝校

渭邑　生　員　王一誠

渭邑　生　員　王培中

前知直隸河間府事大荔森亭李樹玉

咸邑議敘倉大使天章幸文倬

賜進士出身澄城雲峯雷時夏

知四川安岳縣事舉人長安少圃蔣若采

前知湖南巴陵縣事長安謙六王逢吉

議敘監知事渭邑平埏李毓杞

郃陽廩生屏山王翰臣

前宜君訓導朝邑芋農葛有鎡

賜進士出身翰林院編修長安冠三呼延振

賜進士出身翰林院檢討長安禹亭沈大謨

渭邑議敘倉大使武建烈
廉泉武鴻模
議敘九品武建績
議敘監知事武建中
武豫垚
武豫堃　仝梓

## 像贊

鄒魯淵源，河嶽耿光。進二郡守，民富而康。退修禮經，聖道彌彰。篤敬之行，克顧厥名。儼若之貌，允符厥號。淵源師友，流澤無涯。魯無君子，斯焉取斯。

咸寧芥菴李錦

關中後學周傳誦

## 明奉政大夫金華府同知進階朝列大夫薛先生墓誌銘

賜進士及第翰林院國史修撰門人高陵呂柟撰文
賜進士及第翰林院國史修撰武功康海書丹
賜進士及第翰林院中書門人長安吉人篆蓋

正德三年春二月二十七日，金華府同知渭南薛先生卒於家，柟友李錦以書報於京邸，柟爲之悼痛者數日。冬十一月，其子乾操，廼自其家持南恭政釗所撰先生狀請柟銘，柟歎曰：「果哉！先生不復可得見已夫！」先生晚年曾進柟而與語，柟亦粗知先生。銘先生者柟也敢辭？按狀先生生有異狀，長大雄偉，美鬚髯，腹有七赤痣，左膊有一黑文字，深入膚裏。

匍匐時即不類凡兒。五歲愛讀書，十一歲解屬文賦詩，稍長言動必稱古道，則先賢。景泰七年爲渭南學生。自爲學生，居止端嚴，不同乎流俗，鄉閭驚駭，或且以爲迂怪。善爲文章，說理而華。十六七即應鄉試。應鄉試者，十有二次。試於提學，輒居上等。提學皆優異之，不待以生員禮。試於御史，則皆不第也。成化二年，縣歲貢，入太學。太學生接其言貌，咸驚歎，至有曰關西復生橫渠者。先生由是名動京師矣。及倚親歸，二親相繼以歿。先生奔喪皆跣行。時大雪盈尺，兼酒淺泥濘，亦不知避，廼後遂病脚氣，值冬月脚氣輒發。母嗜韭。母歿，不忍食韭者終身也。二十一年，太宰尹公拔先生知山西之應州。國朝多以進士、舉人爲知州，而先生以歲貢爲知州，太宰亦爲知先生矣！

先生之治應也，首勸民畊稼紡績，當東作，循察田野。民艱於畊種者，必賫之以種子與牛；民貧負租及不能婚葬者，皆爲之處置。買牸畜數十給之煢獨，令其孳息爲養。又務積蔬粟，不三四歲，粟至四萬餘石，乾蔬萬餘斤。尋當饑饉，應民免於死亡。其既竄而復歸者，如劉僧兒輩三百餘家，皆與衣食，補葺其屋廬與處。由是，屬邑聞風復者沛然矣。又立義塚，以瘞流民之或死於道路者。州故多盜賊，獲盜賊不輕貸，故道不拾遺。尤雅重學政，數至學舍，切切開示以孔、孟之旨。復爲諸生給燈油、楮穎之具以資其貧乏，故應人談至今不置也。先是，州南山虎累爲民患，先生祭之文曰：「吾無虐政及民，虎何食吾赤子？」旬日，而虎斃于壑。蕭家寨北瀑水涌出於田中，勢洶洶若將溺人，先生祭之文曰：「是將沒吾民乎？吾惡在其爲民父母也？」痛自刻責，忽瀑水如鳴雷下洩，人得不溺。城狐爲妖，民驚怖不能帖然安，先生祝神明，狐死不爲妖。州有井水，黃且鹹，不可人食，忽一日變爲白水，其味甘。若此者，皆先生善政之徵驗也。應人戴先生如父母，故立生祠以報先生。時巡撫諸老如左公鈺、葉公琪、許公進、侯公恂輩深異先生，疊薦于朝。謂先生學行才術，非徒止治區區郡邑已也。

弘治九年，陞先生浙江金華府同知，東南學者如陳聰輩數十人，皆摳衣趨門牆矣。居金華二年，致仕。歸居金華，撰金華鄉賢祠志若干卷。正德改元，聖上推恩天下，先生得進階爲朝列大夫。至是卒矣，年七十四歲。

宣德十年三月二十八日，乃其始生也。初，先生致仕家居，以事入長安，枘獲遇先生于長安之開元寺，枘由是知先生也，因叩先生而師事焉。先生言：「蘭州軍周蕙者，字廷芳，躬行孝弟，其學近於伊、洛，吾執弟子禮事之。吾入太學時道經陝州，陝州陳雲逵，忠信狷介，不可屈撓，凡事皆持敬遇之，吾以爲友。凡吾所以有今日者，多此二人力也。周年四十，出求父四方，死矣。」因泣下沾裳。枘爲之感懷者久之，乃信先生之學異乎人也。先生頗不理于鄉人口。先生遇人無問人省解不，即爲說道，多至泣下；人或不樂聽，說亦不置。又不善接引後學，後學謁見，忽忽爾待之，兒子等人由是或疵先生之不情也。枘謁先生者再四。見先生年已七十，日夜讀書不釋卷，聽其論議，皆可儆策惰志，則亦今日之博學好古、死而後已者也，豈可盡爲之疵哉？先生常病禮記非聖人所定經，破碎雜亂，欲辨注成書。沉潛者十年，僅三易藁而死矣。又好靜坐思索，凡有所得，如橫渠法，即以劄記。所著有思菴野録、道學基統、洙泗言學録、爾雅便音、田疇百咏集、歸來稿及演作定心、性說諸書，其言多有補於名教云。父鑾，以先生官贈應州知州。母王氏，贈「太宜人」。贈君生六子，而先生爲長，次悅之，次先之，次凝之、次徽之、次定之。先生諱敬之，字顯思，別號思菴。娶王氏，封「宜人」，生四子：長復心義官、次恒德承差、次謙光亦義官、次則乾操，縣學廩膳生也。女四人。復心生男祖錫、祖佑，恒德生男祖昌，縣附學生。謙光生男祖明，乾操生男祖爵。長則祖學，爲廩膳生，年少而聰慧，又善爲舉子業，繼先生之志而大其門者，或此子也。擇正德四年冬十二月二十有二日，葬于韓馬里胡村先塋，合王宜人之兆，銘曰：「渭河之南，華嶽之北，思菴先生，有黯其宅。」

# 明渭南薛思菴先生入陝西會城鄉賢祠記

賜進士出身中大夫兩京光禄寺卿會試同考試官嵯峨商山書院院長後學馬理拜撰

皇明理學名臣推薛文清公爲元公。于時，陝西河州則有休菴王先生，三原則有端毅王先生，蘭州則有容思段先生，秦州則有小泉周先生，西安則有武城令姚先生、芥菴李先生，渭南則有思菴薛先生。雖名位政行不同，其揆一也。思菴先生即龍門薛氏裔，元末兄弟九人避兵渭南下邽揚化村。先生生焉後，贈君徙渭南城中。先生生有異狀，周歲匍匐，畫地成字。腹有七赤痣，左膊有一黑文入膚。五歲即嗜書，十一屬文賦詩。隨贈君定州幕任，見聖賢深衣幅巾圖像，即求製如法服之。家人笑，使易之，堅不易也。

景泰七年，年十六，歸應鄉試，入學宮，動必由禮，言稱古昔，學中師生駭異，屢譏笑之，先生不爲動色。久之，諸人見即斂容，弗敢易焉。及久試不第，遂棄舉業之習，務正學焉。書「誠明」二字於坐隅，曰：「不如是則虚此一生」。既而，益靜學靈臺山中，從遊者眾。蘭州有鄭處善者，聞風而來，爲語周小泉先生，曰：「斯文正派，在是先生。」聞而悅之，即裹糧而往，師事兩月而返。自是以道自任，門人請益，爲著定心、定性二書。又著心說、性說、道學基統、洙泗言學録諸書以示之。恒曰：「學必希聖，如食者求飽，行者赴家。食而不飽則餒以死，行不赴家則老無歸宿所矣。」弟子聽其言教，本於踐履，皆敬信悅服。久之，雖遐方異域皆知尊禮，稱「薛夫子」焉。天順初，邑人忠國石公得君甚專，其門如市，先生雖招之，不往。成化二年，貢入太學。太學生接其言貌，謂關中横渠復出。任丘屈伸輩，就講太極，聞所未聞，就者益眾，遂名動京師。大學士晦菴劉公，雅以道鳴，亦屢顧而講說。兵部尚書王公請教，子不赴。王公重之，俾順天選。入鄉試，復不第，歸依親。先是，過陝州，遇陳雲逵先生，訂交爲友講學。陳先生，亦篤信好學，守死善道人也。至是，詣靈臺山與麗澤者一年。後先生二親相繼殁，先生喪葬以禮，鄉人法焉。時冬月，扶柩跣行，冰雪道中不知寒也。母嗜韭，每食致之。母殁，終身不忍食韭。

二十一年就選，太宰尹公詮列部元，授應州，至即課民播種麥禾桑麻，春秋省耕，斂蚕績時補助焉。婚喪有未舉者，助使以時舉之。又買牝牡畜令窮獨蕃育之，以養。又積粟四萬餘石，蓄野蔬尤多。尋歲兇，邊民多餓死，應有備無殍，逃亡而復者三百餘家，皆葺其廬而授之食，屬邑流亡者皆歸焉。又立義塚，收葬諸死于道路者。應故多盜，處以息盜之法，由是境內無盜。至道有遺物，亦不拾也。尤以興學爲首務，時蒞學導之方而示之的，課其業而省其私，時以燭油紙筆給之，又從而振德之。以故，應之士風民俗丕變，人到於今思焉。渾源舉人郭璽信卿，長安解元吉人惟正，皆來受學。璽信道尤篤，有傳必拜而受之人。後以進士爲中書，退而教學於長安，出其門者多名卿。云應山有虎噬人，先生祭山以文，旬日虎死于窒。蕭家寨北水湧出田中，横流，將溺人，先生祭以文，水忽鳴雷下洩，人免溺焉。城有狐妖害人，祝于神，狐死。城中井水黄且鹹，人艱食，忽一日色白而味甘。尚于州四隅筑黄花營四堡，以防虜患。後虜屢深入，殘傷郡邑，應獨無患，至今賴之。有指揮横逆殺人，官不能制，先生正其罪，由是德宣而威遠矣。時威寧伯王公爲大將，先以禮拜。凡先生公出，令將士數百，戎服衛之。撫臣左公鈺、葉公琪、許公進、侯公恂疊以卓異才政薦之。三年考績，冢宰王端毅公堂見，勞已，復延之後堂，與坐而論道、講學。移時考功，郎中王公以友道接之，乃嗣虎谷。公時爲吏部主事，志在正學，數就講焉。虎谷信卿，友也。考績畢，端毅公留纂修獻廟實録，閣臣固不可還應。明年，獲恩封定州，公如其官。母王氏，封「太宜人」；配王氏，封「宜人」。九年，陞金華府同知，應民遮道挽留，號泣而別。乃立生祠祀焉。至浙即建何、王、金、許四公祠，屢發明其學，以誨後學。復表嚴陵客星釣臺，大書其石，東南學者陳聰輩，皆摳衣門下受學。二年，致仕歸。正德改元，進階朝列大夫。虎谷時督學關中，贈以詩，手書諸屏曰：

人人有意欲行私，
綱紀何人一振之？
世上豈無鄒孟氏，

欲平天下捨其誰？

先生平生手不釋卷，年七十餘，好學如初學者，至諄諄以道誨之。春秋勝日則吟風弄月於山水間，或以事遊會城。觀者見其古貌古服，乘輿而來，以爲孔子周流氣象。時涇野呂宗伯仲木、九川呂巡撫道夫，方學于正學書院，共出郊，迎拜于所館，以師禮事焉。理先聞先生于端毅公，後又聞二呂子言。弘治乙丑歸自京師，過渭南，就問禮焉。遇諸門未通刺，先生即知其爲理，以所嘗行禮告之。先生所著有田疇集、歸來稿、爾雅便音、思菴野録及禮記通考。嘗曰：「禮記非經聖筆刪定，故繁蕪雜亂，須辨注之以傳可也。」乃參互考證者十年，凡三易稿，成書，至于易簀猶刪正。今藏於家笥，未刊行也。先生善小楷，行草尤工，大書有龍跳虎臥之狀。正德丁丑，撫按及督學大夫受本縣呈表結狀，謂：「先生立身鳴道，著書垂訓，師表後學，令有司作主，祀于會城文廟鄉賢祠，及渭南鄉賢祠中。」理乃述所聞爲記。

## 附録文

休菴、端毅、容思公行實見全陝通志中，俱有傳。端毅公，爲學深造以道，不立門戶。行不越禮，居鄉恂恂，立朝侃侃，效法孔子； 平生集義養氣，剛大不撓，酷似孟子。自少至老，好學不倦，夜不息燭，醒即閱書。守揚州日，每日早起，使候吏持書背誦，一授，然後陞堂。年屆九十，好學自修，未嘗輟功。如衛武公以天下事爲己任，啟沃諫諍，俾君子有所恃而敢于爲善，小人有所畏而不敢爲惡。行若伊尹，與後學語以能問于不能，以多問寡，虛以受人，有如顏淵。

小泉周先生，名蕙，字廷芳，秦州人，爲臨洮衛士。初未識文字，嘗戍蘭州。聞容思先生與諸友講說經籍，往聽而悅之，遂深衣幅巾與居。自是，有聞即反躬力踐，疑則窮詰，信而後已。容思先生遂以爲畏友。後守墩堠，乏書，攜大學一編，晝夜誦味，體驗經時，歸辨諸友，友不能難。以爲大學一書，不在書，在予躬矣。乃益自博而約之，以道自任。事其帥，役則往役。召爲塾師，則不往。帥乃侯爵者，聞義能從，遂遣子往受學焉。小泉以師道自居如伊川，自是道鳴於西鄙，從游者衆。

予聞諸彭幸菴司馬云。

鄭處善，名安，其弟曰寧。兄弟俱有文集，皆小泉門人，肅府拔萃人也。處善攜一子來訪思菴先生。居靈臺山中十年餘，卒，先生葬之。其子年十二三，能詩。今靈臺山題詩存。後遊於吳、越間，以詩鳴，不返。曰「太白山人」者，即是人也。

陳先生者，河南特立之賢也。自言少日剛愎，入學猶乖忤二親。及講習論語，至遊夏問孝章，遂內自愧汗。自是改行力學，以孝聞，益聞善斯踐。久之，遂明通不惑，卓然有立。後登河南鄉舉，選授學正。求蘭州，就小泉也。陞授國子監監丞。學正日以正學淑人，士有文學冠英而行不檢者，不許應舉。督學邃菴楊公聞而聽從，每至蘭必以教規請損益焉。在監有正學箴、師道銘，皆法言，足垂永世。時方石謝公文鳴一世，監中聞道之士，皆不宗方石，宗先生焉。先生終於監丞，其學可并曹月泉、薛文清公云。

思菴先生之歸田也，虎谷公再贈以詩云：

平生豪氣似長虹，
拂袖歸來一畝宮。
開口每憂吾道墜，
感時長恨此民窮。
二十餘年頻念我，
關隴之間只有公。
金紫何曾夢泉石？
恩光還自到山中。

吉中書詩曰：

夫子當年治應初，

關西夫子豈名虛！
道傳正氣千年遠，
座領春風二紀餘。
綠野堂開承往戶
白雲屋滿啟來書。
明朝重拜雪門下，
滿腹憂疑望掃除。

涇野祭之文曰：「先生質醇氣正，道高行方，柟及門者數矣，乃至有今日令人撫西風墜淚者浪浪。」

幸菴彭公祭之文曰：「自少至老，篤志正學。四方學者，就以有覺。」又挽之詩曰：

往歲摳衣過渭濱，
幾回攜手教諄諄。
道傳伊洛元希聖，
學有淵源深澤民。
納交湖海盡名士，
來吊寢門無雜賓。
老我已無重見日，
聞訃傷心淚滿襟。

理哭之詩曰：

昔年問禮渭河干，

道履曾經示所安。
林放重來洙泗在，
杏花零落舊壇寒。

芥菴李錦畫像贊曰：「鄒魯淵源，河嶽耿光。進二郡守，民富而康。退修禮經，聖道彌彰。」他敘述吊挽篇多，兹不盡著云。

## 明朝列大夫金華府同知思菴薛先生入渭南鄉賢祠記

賜進士及第承德郎刑部浙江清吏司主事長安後學張治道拜撰

治道少時聞中書吉先生言：「渭南有薛夫子先生者，績道學之源，繼程、張之後，予師之。」治道仰其名，未親炙其門爲恨也。正德癸酉與其孫祖學同舉於鄉，既又同舉進士，并遊都下，得觀野録諸書，始知先生之道，師友淵源有自，弘深廣博，正大精純，躬行實踐，果信程、張之後一人而已，益私淑焉。正德乙亥，西安守長桓趙公以給事中毛公奏議，令天下諸司訪求已故鄉賢，祠祀之。乃謂先生關中道學之宗，宜承是典。詢諸學校，咨之縉紳，察之鄉評，僉曰：「可。」乃上請巡撫，都御史西川蕭公，提學浙東秦公，僉謀允協，始增入府學鄉賢祠，與橫渠十七人并祀。正德戊寅，治道謝病歸，嘗拜先生于祠下。既而祖學亦解官。忽一日以書抵余，爲太父翁求紀。治道以晚學小子，不足以發明六經，敘說道統，諾而未報者十載餘。嘉慶辛亥，祖學又以書至，許余有良吏之才，責以稽慢之罪，余不敢再辭。遂爲之記曰：

夫鄉賢祠者，所以祀往者之賢，爲來者之勸，匪細故也，必其學足以發明六經，道足以範俗師世。外此，雖高官大爵，奇勳偉績，亦不得濫膺尊崇，污玷俎豆。自古及今，率嚴此道。我明百七十年，視古尤加慎焉。故祠之者無愧，聞之者無議。夫何邇來視爲故典？非由上請考核其行實著作，非出薦舉允孚乎鄉評輿論，或門第之榮高，或裔嗣之顯要，擅行濫入，遂使懷德履道之賢，坐不安位。若此者，豈所以振風化、崇道統哉！往歲提學何公以雍尚書先生入祠，未經上請，都御史鄭公怒，欲撤主，既考其賢，乃已。若今薛夫子先生之祀，本諸學校，薦之巡撫，按核諸群司而後入，固足以見先生之實德實學。而巡撫之賢，提學之正，郡守之明，合四方遠邇嚮慕之公，誠足以追古昔慎舉之良規，陋今時苟且之宿弊。茲舉也，固不足以愜人心、當天理哉！

先生道德之實備諸心說、性說、定性書、洙泗言學録、爾雅便音、田疇百咏、歸來稿、禮記通考、野録諸書及門人涇野之誌、郭璽之序、提學王虎谷之詩，茲不贅，而但託其入祀之淑慝如此。嗚呼！凡入祠者，皆如橫渠，如先生，庶風化可敦，而人心思奮矣。先生既記諸府學，又移檄入縣學。嗣是，巡撫南皋王公、松石劉公、提學鳳泉王公、文谷孔公，屢遵明詔繼檄。縣修祠教諭崇慶曹君，衡縣令宛平甄君，偉力扶正道，倡義經，營祠成。光祿卿谿田馬子，既記諸府學，治道得記諸縣學云。

時嘉靖三十年歲次辛亥冬十一月二日記

## 應守薛君德政碑記

賜進士及第奉訓大夫右春坊右諭德兼修國史經筵官姑蘇王鏊撰

守令民之師，帥得其人，則德政修而民獲福，否則虐政行而民受殃矣。洪惟我朝創制立度，以守令爲要職，必遴選得人而後任之，可謂知要也已。應州太守薛君敬之，陝右渭南人也，蚤遊庠序，卒業成均。成化甲辰冬，謁選天官，受職斯郡。莅任來廉以律己，公以存心，敬以處事，而動師聖賢。是以斂傍門，禁私謁；表率群吏，以絕弊端；親檢賦役，以均貧富；剖析獄訟，以杜冤抑；東作方興，則巡行各鄉，察民之缺種子者發庾量給，缺牛犋者勸券代畊。由是，市無惰民，野無荒土，歷歲積累穀粟四萬餘石，乾菜一萬餘斤，歲遏饑饉，民有倚賴。時則有若貧戶郭成、劉清等負租，將粥妻女，君設法代償。張全等有喪不能舉，生員劉汝楫死無所歸，君皆爲之買棺營葬。楊信等聘妻不能娶，君皆爲之配匹。流民死道路者，亦備棺葬隙地，名曰「義塚」。連年婚喪如此者，不可勝記。召流民能織者，教民紡織；買牸五十頭，給貧民畜，孳生息數倍，眲者憑藉。逃移復來，如劉僧兒等三百餘家，咸助以衣食，補葺其房屋，屬邑聞風復業者難以數計。州治東鼎，建鐘樓以警晨昏，使民知禁作。興學校，凡殿廡堂齋廨舍，修蓋六十餘間，金碧生輝，觀者改視。又爲諸生設廩矜、燈油、楮穎之具於號房，資其不給。政暇親詣講授，按季考較，公其賞罰，以故賢才迭出，科不乏人。至於壇場祠所，廟宇橋梁，鋪舍庾廩，無不繕理，該用木植瓦甓，是皆贖罪。餘資所辦，一毫不斂于民。兼且豪強畏服，盜賊屏息，冠婚喪祭，悉遵家禮，距絕異端，移易風俗。添改集場，便民貿易。邊境有避寇來者，爰擇城之東西南三門外刱設三關，築牆成堡，令其居處。鄉村鎮店，各築四堡，保障生靈。弘治戊申七月，南山有虎患，君則作文祭告，不日虎死于壑。乙酉春，蕭家寨北田中湧出暴水，幾至沉陷，君亦作文祭告，水即下洩，聲如雷鳴，害遂息。州中舊有井，色黄味鹹，止可澣衣滌器，一日忽變色白味甘，可以瀹茗。厥後，或有狐精媚人，人或至于驚怖，君又對越神明而祝之，狐媚輒止。軍民以爲德政格天，所致其他政蹟卓異類此者多。巡撫、巡按交章保薦者七次，飾行犒勞兩司賢能，揭帖三十餘紙。歷官一考，時已受誥命褒旌。茲者軍民感戴，將保留而恐不可得，故官舍包麟，鄉民王鑑等相率琢石成穹碑，録其政蹟。託大鴻臚路君文來，乞一言以記之。予惟守令之職，民之休戚是賴。凡登黄甲者，德政一布，則當道薦之，銓曹信之，不四三年，擢之顯職。由舉人者次之。由監生者雖德政過人數倍，而當道或未爲薦，或薦之而銓曹又未之信。嗚呼！何資格之拘人邪！是宜近日黄門季公源欲公薦舉，以勵人才，乃奏聞天子，命下銓曹，自今移檄外臺藩臬。一唯德政是薦，而不以進士、舉人、監生是拘，甚盛舉也。君脫膺薦而來，受不次之擢，則季公之舉端不虛，而銓曹之公道信不泯矣。不然，則與昔之李景略、賈少沖、韓浩、周郁之徒同垂名于後世而爲名宦，于大同禮亦宜也。與其顯于當時，孰若顯于後世哉？嗚呼！後之守應者，尚於斯乎歆感云。

## 陝西通志　人物列傳

光禄寺卿三原馬理纂

薛敬之，字顯思，渭南人。居止端嚴，動稱古道，爲太學生，值内外艱，皆徒跣奔哭，尺雪不避。母嗜韭，終身不復食。授應州知州，勸耕桑，崇學校，除盜賊。奏課第一，陞浙江金華府同知，所著有思菴野録諸書。

## 山西通志　名宦列傳

山西提學副使周斯盛纂

薛敬之，渭南人，成化間知應州。有學行，務撫恤小民，循行阡陌，察民乏穀種者，發庾助之。又買牛給民，令孳息爲耕具。由是邑無惰民，野無荒土，積粟四萬餘石，流民聞而復業者三百餘家。南山有虎患，爲文祭之，旬日虎死于壑。平地有暴水湧出，敬之望水拜禱，水即下洩，民賴以不溺。他美政多此類，詳在德政碑。後陞金華府同知。

## 渭南志　人物列傳

紹興知府邑人南大吉纂

薛思菴敬之者，字顯思，仕西南，里人也。父鑾，以文無害，擢定州吏目，陞本州判官，贈奉直大夫，應州知州。思菴生有奇狀，即不類群兒。能言即愛讀書，稍長言動與人異，又善屬文。比爲學生，出入行止，進退周旋，必從繩墨規矩，流俗以爲迂怪，甚或譏誚之，而思菴則安安自得也。爲文不逐時好，說理勝而華采自在其中，諸縉紳學生亦多排異不悅。思菴則稱賢道古，嘲日至而志日愈勵，無少變也。試于鄉凡十二，竟弗遇于考官。成化二年，縣官以歲貢貢爲太學生。遭內外喪，皆徒跣奔哭，雨雪不避。二十一年，試選吏部，尹太宰異其文，又奇其人品雄偉，于是拔授應州知州。知應州者三年，勸耕桑，崇學校，除盜賊，奏課第一。誥下褒寵進階奉直大夫，贈及父母，當時榮之。弘治九年，陞浙江金華府同知，居金華者二年，撰金華鄉賢祠志。告致仕歸，歸八年而當正德改元，詔下進階朝列大夫。又二年，卒。翰林修撰、今禮部侍郎高陵呂仲木，爲志其墓。凡志所稱述者，皆其鑿鑿實事。至其述所以不理于鄉人口者之故，尤得其心印云。志載墓攷中所著心說、性說、定性書、洙泗言學録、爾雅便音、田疇百咏、歸來稿、禮記通考、思菴野録。人稱爲「薛夫子」，兄弟六人，而思菴長，又稱薛長公。長公季子曰乾操，以廩生授七品散官。乾操之子曰祖學，正德甲戌進士，歷官內江知縣、兵部主事，出爲和州同知，陞泗州知州。祖學長子曰鍾嶽，嘉靖己酉舉人。

## 應州志　列傳

通政使郡人田蕙纂

薛敬之，字顯思，陝西渭南監生，成化二十年任，號稱「關西夫子」，行事載德政碑，陞金華府同知見政事志。薛敬之積穀四萬餘石，招來三百多家，築關築堡，皆保障之功。禳虎禳狐，悉捍患之政。暴水禱而順流，井泉變而甘洌。作興學校，文風丕振。節省里甲，百姓咸甦。政事文章，俱擅優長。夫子之稱，信不誣也見名宦志。

# 關學編　列傳

河南道監察御史長安馮從吾著

先生名敬之，字顯思，號思菴，渭南人。生有異狀，長大雄偉，鬚髯修美，左膊一黑文字，深入膚裏。生五歲，愛讀書。十一，解屬文賦詩。稍長，言動必稱古道，則先賢。景泰丙子，獲籍邑諸生，居止端嚴，不同流俗，鄉閭驚駭，稱之曰「薛道學」。爲文説理而華，每爲督學使者所賞鑑。應試省闈至十有二次，竟不售。成化丙戌，以積廩充貢入太學。太學生接其言論，咸爲歎服。一時與陳白沙並稱，由是名動京師。

自太學歸，二尊人相繼歿，徒跣奔葬。時大雪盈尺，兼湭淺泥濘，亦不知避。後遂病足，值冬月輒發。母嗜韭，母歿，終身不忍食韭。

成化丙午，謁選山西應州知州。先生治應，首勸民耕稼紡績。時當東作，循察田野。民艱于耕種者，賚以牛種；民貧負租及不能婚葬者，皆助之。買牸畜數十給之煢民，令孳息爲養。又務積蔬粟。不三四歲，粟至四萬餘石，乾蔬數萬餘斤。尋當饑饉，應民免于死亡。其既竄而復歸者三百餘家，皆與衣食，補葺其屋廬與處。由是屬邑聞風，復者沛然。又立義塚，以瘞流民之死于道者。弘治戊申秋，南山有虎患，爲文祭之，旬日間虎死于壑。乙酉春，蕭家寨北平地有暴水涌出，一寨幾至沉陷，先生亦爲文祭告，水即下洩，聲如雷鳴，民免于溺。他德政異政多此類，詳守谿王公讓碑記中。

先生尤雅重學政，數至學舍，切切爲言孔、孟之旨，由是，應人始知身心性命之學。奏課第一，弘治丙辰陞金華同知。東南學者如陳聰輩數十人，皆摳衣門牆。居二年，致仕。撰金華鄉賢祠志若干卷。正德戊辰卒，年七十又四。

先生嗜道若飴，老而彌篤。好與人講，遇人無問，人省解不，即爲説道；人或不樂聽説，亦不置。又好靜坐思索，凡有所得，如横渠法，即以劄記。所著有思菴野録、道學基統、洙泗言學録、爾雅便音、田疇百咏集、歸來稿及演作定心、性説諸書，其言多有補于名教云。

其卒也，吕文简公誌其墓畧曰：「初先生致仕家居，以事入長安，柟獲遇長安之開元寺，因叩先生。先生言：『蘭州軍周蕙者，字廷芳，躬行孝弟，其學近於伊、洛，吾執弟子禮事之。吾入太學時，道經陝州，陳雲逵忠信狷介，凡事皆持敬遇之，吾以爲友。凡吾所以有今日者，多此二人力也。』柟謁先生者再四。見先生年已七十，日夜讀書不釋卷。聽其論議，皆可警策惰志，則亦今日之博學好古、死而後已者也。」又謂門人胡大器曰：「爲學隆師取友，變化氣質爲本。渭南有薛先生，從周先生學，常雞鳴而起，候門開，灑掃設坐，及至則跪以請教。」又謂門人廉介曰：「予聞諸思菴薛先生曰：『介菴李錦，關西之豪傑也。甘貧守道，好學，至死不倦。今亡矣夫！』夫薛先生，其亦見介菴而興起者乎？」其學淵源如此云。

# 思菴行實附録

## 應州儒學明倫堂上梁文

薛敬之著

伏以道日中天，幸際堯舜之主。人文行世，宛然河海之紹〔一〕。肇自軒黄，鴻開湯、武。周情孔思，都爲道德之歸；伋授軻傳，尋作天人之趣。于以匡君毗國，則有要而有倫；于以措庶安民，皆是圖而是究。奈何雄爭于春秋之族性，火煨于嬴政之獨夫。繼而霸漢夷唐，六經寥寥之靡振；佛胡酒晉，一心窈窈〔三〕之罔聳。治斯世而杜斯術，睎大地而固大晦。起

〔一〕明萬曆王有容修、田蕙撰應州志「紹」爲「昭」。

〔三〕明萬曆王有容修、田蕙撰應州志「窈窈」爲「窈窕」。

鄒、魯百載紀傳之嘆，興道學萬年狂瀾之嗟。天運循環，元氣自復。九江敦頤，中洛正叔，崛起喬峰，吾道底柱。疏唐、虞而鑿商、周，剔清虛而謪邪說；三國與五代俱死，一心同兩儀咸澄。斯文以時，道脈涵治脈之壯麗；生靈有幸，人力陶帝力之無鄉。調元皆懷金紆紫之儁人；贊化悉侈袂曳履之秀客。位天育物之學，鑰可啟而關可抽；格物致知之功，堂可升而室可入。歷宋有數，抵元無阿。洪惟我朝聖祖神宗，重揭大明之日月；經生學士，再承萬古之風雲。遵孔學而抑僭議之非，祖堯中而斧畔擬之舛。爰立師儒之宿，增廣弟子之員。自王宮而暨府路，逮州郡而及縣封。廟貌聖賢，肅望朔之儀禮；春秋禧享，報今古之宏規。乃者應州古冀重地，風俗朴實，人才後先；茹越山高，嵐光矗矗；桑乾河秀，烟靄浮金。萃氣灝礴而最清，大化繁劇而竟媚。

「明倫堂」之建于元季，生員舍之刱于明初。毀雨剝風，不堪殘乎寒暑；鹹融鹵斥，豈容駕乎春秋？予忝膺上甄拔，守茲厥土。無能提調而能無廢墜之咨，乏力獎裁而敢無興復之志！遂鳩工僝眾，琢甓掄材。三尺崇基，計高五架之宊兀；諸生備列，席開百葉之差池。乃卜乃營，肯堂肯搆。五星天上，今既聚於奎方；萬世坤輿，須代歌于梓匠。曰上梁：

東，邊耀宊兀幾喬峰，撐着太陽不肯㬇，金城覆照棟梁翁。

西，桑乾滶灩波流斯，東海不拘潮與汐，年年春浪有龍見。

南，秀野煙村百里寒，竟有山峰屏拱翠，不妨苜蓿照闌干。

北，招提木塔勢崔巋，泮宮祇有擎天手，常干東君典世澤。

上，碧天星斗遙萬丈，他年丹陛對三千，禮樂煥然成一樣。

下，河圖洛書敷至化，當今聖王重斯文，莫學玉櫝須待價。

伏願上梁之後，景運常新。曰父子曰君臣，咸茲焉而討論；曰長幼曰夫婦曰朋友，俱此宇而繹窮。螢火雞窗，弟子盍抱彤庭之雨露；青氊絳帳，師道當廓倡古之文章。俾道學常明而棟梁聯蘇湖之咏，使仕籍靡墜而榱桷發廊廟之吟。桂花不蟾，秋香満地，昆山不玉，瑚璉連門。家禮樂而人詩書，樵皋、夔而漁稷、契。儒風蕩世，文運聿彰。謹诵。

# 诗

## 應州八景

### 桑乾烟雨

一派自金龍，潺湲會向東。氣潮浮似霧，心汐不因風。鈎艇籠仙子，漁簑罩老翁。横舟無客渡，誰信濟川功？

### 木塔玲瓏

想曳公輸巧，浮圖斧鑿精。簷牙幇漢啄，鈴口近天清。月入圍廊遍，風來遶棟輕。遠揆金祚日，何似福生靈。

### 龍灣春色

陽自黄鍾躍，無幽不透來。青應石蘚動，紅趁野桃開。巧鳥聲爭韻，香火氣漸培。乾坤歸大運，燕谷不聞哀。

### 鳳井含輝

世欲生豪傑，地先瑞必禎。九苞雖已去，五彩尚餘縈。獨異山于海，如吞斗共星。不知幾千古，勝跡狀金城。

## 南山曉雲

天地心澤物，山川氣自濃。布空多古怪，遮日巧逢迎。煙霧元非擬，風雷輒便從。如期成底潤，人願帝王農。

## 渾冰月夜

地脈應連海，浮波〔二〕愛玉盤。上將仙兔魄，下與蟄龍蟠。野鈎針難就，漁舟槳可干。雖靈溫多照，不得素娥觀。

## 黄花秋風

危嶺連山臥，凌空噫氣揚。同桐吹自疎，期〔三〕菊號成荒。助烈爭非雪，生寒不借霜。賦詩悲楚客，多是伯爲狂。

## 邊耀夕照

天似爲人意，峙山駐晚陽。織烏從西浴，彩魄轉東洋。石冒烟霞臥，林披錦繡裝。乾坤入圖畫，萬里煥晨光。

---

〔二〕「波」原爲「坡」字，今據明萬曆二十七年（一五九九）王有容修、田蕙撰應州志改。

〔三〕明萬曆王有容修、田蕙撰應州志「期」爲「欺」。

## 跋

薛楹

楹幸生爲關中夫子思菴公六世孫，不幸不睹祖之之所以理學師世及班班著作，居恒思紹述之。歲戊申偶閲少墟馮先生關學編，悉載關以内理學名公，而我祖列其中。楹竊喜之，然有祖若此，而孫不獲顯揚光昭令德之謂何？於是遍搜遺編，廑得野録三卷、文一篇、詩八首，即持以謁馮先生。先生敦履璞沈，校訂成帙，仍附行實以傳，不謂我祖百年有知己也。遂請於表叔兵憲張公，公曰：「余仰外祖世德，水木本源，敢忘所自！祖述而宣佈，余志也，余責也。」乃捐金付之殺青。是役也，馮公發其端，張公董其成。若夫序而傳之，又冢宰孫公所嘉興而樂道之者。楹不肖實籍，守其箕裘以志不朽云爾。繄何幸！繄何幸！

萬曆乙酉菊月六世孫楹謹跋

# 附録

## 輯文

### 致和亭記

薛敬之

弘治癸丑秋，渾源守董公夢吉用政暇，構亭於堂後隙地，高丈許，濶倍尋。不繪丹雘，四壁樸素，與恒之玉華峰相南北，秀氣屭贔，嵐光浮入。又左右爲畦，或種藥植蔬，引神谿水灌之。力不支者，亦倣農播穀，徵民色以豐且儉。退食於斯而挹翠拾芳，敞豁曠達，有不勝其快。日園丁告瓜蒂雙實，再日告茄莖二三實，穀禾穎四三穗者，民皆異，以爲公德政之和所致也，名其亭曰「致和」，乃繪圖裝潢成卷以頌。公走書欲言記之，僕忝同寅也，義不容辭，爲之言曰：

「和」之義大矣哉，其説有二焉：一本思所謂和，曰「中和」，以情言；一本載所謂和，曰「太和」，以氣言。天下之言動何莫而非是情？天下之言生何莫而非是氣？情動而不暇致，非聖賢不可，所以降自聖賢，必致而後乖可去也。氣之生生不已，在物之不得已而然，非野馬絪緼不足以擬之。知此謂之知道，見此謂之知易。故載之意，以和之氣，名道矣。若外此，一有所感，氣即隨之，或不得其正而不致之，如所謂乖，烏得而辭乎？以是，程氏伊川有謂曰「篤恭」，曰「修敬」。惟上下一於恭敬，則天地自位，萬物自育，和氣畢臻而四靈畢至，此體信達順之道。然其和又不暇致。而何是致和？情之和利於行和氣，氣之和利於生民。之所謂致和者，情乎？氣乎？僕思之，氣也。謂非公致情之和以召之，則氣且不和，竟能生生云乎哉？必公之致情。致情則致性，致性則心必妙。性情之德，曰恭而篤，曰敬而修，天下之物何先不開，天下之務何後不成，匪直一郡之民之政有不致乎？殆必一心之和華而爲一身之和，一身之和廓而爲一郡之和，一郡之和大而爲千里之和，亦豈但畛疃區區之地有不和哉？宜乎！地之物有如是之和之甚也，人或登其亭，目其物，有不知其和爲天地乎？爲公乎？致亦無所歸矣！噫！微公誰與歸？故記。

（明張欽撰修大同府志卷十五，明正德刻嘉靖增修本）。

## 祀文昌祠祝文

薛敬之

輔元開化文昌司禄宏仁帝君：惟君鐘太和元化之秀，稟人文忠孝之英。斡治道於再造，握儒運于重明。綱常準則，桂籍權衡。蒞九有而均沾厚蔭，涉七曲而覃敷宏恩。世賜休祉，士賴以醒。仲春日屆，用享禧丁，敢忘君惠，處薦同歆。伏冀神佑，科第聯名。用擴國運，用張道亨。尚饗。（王有容修、田蕙撰應州志卷六藝文志，明萬曆二十七年（一五九九）刻本）

## 跋鐘楼記後

薛敬之

予守應州之二年，值成化之二十有一年也。尋爲晨夕無警，不知早晚者慮。一日唁客於城之佛宫寺，觀其鐘卧上高如許，與草木同寂。及讀局面記，在金明昌二年也。工克於浮圖，復轉而訊諸寺沙門，力不能懸聲也。予喟然歎曰：「鐘本聲物，有鳧氏爲聾聵肇，何是之晦也。」黄唐以來，節樂爲雲門，爲大章，自是以後，聖帝明王益之以木，狥春明興作也；重之以金，狥秋明懷成也。巨細在人，矧晨暮乎！於是不揣孱力，掄材鳩工，搠架樓於州東三十步，高六丈，闊十丈，隨時供役，不為民擾。至今上改元之五月，然後落成也。前後凡六寒暑，亦爲兆初治時明昌春也。噫嘻！物之興衰有數矣，豈偶然哉！適大藩亞參徐公按其地，懸「日播民和」，又為之句，有明昌弘治之聯，士夫亦爲之駭嘆。匪久，徐爰例歸。欽差亞參陝右韓城之王公，領敕督稅，予又獲而請記其事，過蒙大筆睿藻，壯斯樓之景，與范希文之記巴陵，誠并鑣亦！予何人，斯又得名公之添盛跡如是也！應之人，聞朝叩聲則知寤，聞暮叩聲則知寐。一寤寐聲，則出而作，入而息，不知帝力之何有，未嘗不賴斯之爲候也。幸承聖天子明運建新，日躋中天。應之人殆將哺含而腹爲之鼓，耕田鑿井，自不知又變爲堯舜之民矣。猗歟盛哉！予故感王公之作，而跋其顛末于後云。（王有容修、田蕙撰應州志卷六藝文志，明萬曆二十七年（一五九九）刻本）

## 應州儒學科貢題名記

薛敬之

僕膺命守應之明年，以學頹而復之。適畿南霍君真以訓導署學事，撮其學之人才。鼻我明皇有天下以來，科自王禮等、貢自張瑄等，品題其名，欲勒于石，以爲學之士勸，亦以勵將來而風百世。下使之聞之，知所感發興起，以繩百世之上之人材。表郡士之風俗，見山川之秀氣，該國政之治忽。盛舉也！日率弟子員來請記，以引厥端。

僕本終南人，誤蒙甄拔，守厥茲土。一聞霍之請，事雖微，有載教方；時雖近，有關世紀。其知類也哉！義不容辭，爲言以記之曰：名者，天地間之熾器，造物者深忌之。得之者，必神有以會山嶽，氣有以會貞元。材質之良、德性之醇，不則，僕不知其所以然。以是，孔子有世不稱名之疾，孟子發五百年名世之譽。由是論之，名其善之謂歟？況科自成周鄉三物之故典，貢本唐拾遺之舊制，而羅賢綱士，又奇策也。名不由科，無以見宏博碩大之才；不由貢，無以見鄭重厚俗之氣。楊龜山謂科目未必得人，豪傑之士由此而進。以此觀之，然而文王之臺豈足靈，韓信之壇豈足將乎？匪徒名也。使百世之下，入斯學、目斯石、讀斯名。某名而爲卿相，其毗天子爲何如？某名而爲藩臬，某承師長爲何如？某名而爲牧伯，其愛民也其何如？問某也廉，某也忠，某也惠，某也貪，某也酷，某也罷，必各有所藻鑒而聲乎人之耳目，其高下差等，亦不能無牴牾矛盾于胸中也。然名豈獨名也哉？又不知有可畏、可駭、可矜、可慕、可怒、可外者係之矣。噫嘻！雖欲教之、治之、有不勝其所感。若斯，霍之舉豈小補乎哉？特揭諸石端，以詔方來。再凡有名者，照諸前題。（王有容修、田蕙撰應州志卷六藝文志，明萬曆二十七年（一五九九）刻本）

## 應州建學宮二坊暨射圃記

薛敬之

奧惟吾應，肇庠中古君子之品冀北文獻者，咸以爲首善歸焉。碩輔巨卿，今昔輝映。國家之建學儲士，卓有成效。往昔守應諸君，歷皆海内明雋，靡不知崇先師、惠後學爲急務。故凡殿廡堂舍，傾則起之，敝則新之，亦庶幾哉美矣！惟學宮外址，僻在城隅，蕩然一曠區，任牧汲者往來，踐規度似少尊嚴，觀瞻未雅。邇來甲第雖稱不乏，視昔若弗逮焉，論者多委咎于兹。萬曆庚辰冬，薊門陳君胤來守是郡，首即議修，時詘于力而有待。壬午秋，督學徐公慨禮射廢而士無全才，爰命有司置射圃，仿古建序習射之規。陳君遂祗承其意而推廣之，立一圃于堂東之隙，題其亭曰「觀德」。建兩坊于黌門之側，標其宮曰「大成」。宮以外，繪壁以相映，設垣以相環。而又濬乎池，廣乎植，依稀乎杏壇鳶魚之景趣。宮以内悉舉而飾之，森然煥然，夐加厥昔。吁！都哉！聖道千載一新之盛也。庠博士高公彦臣、李公克道，僉謀勒石，以記厥績。既而高公以遷官去，張公進中繼，徵余爲記。余曰：諸君子知多陳君之績矣，抑知所以成其績者乎？蓋修學，有司事也；修己，士人事也。士知修己，始於有司修學之心爲無負。如之何可以言修己哉？其必見坊則曰：入室者學之宿也，可徒外望已乎？過圃則曰：正己者學之的也，可徒揖讓已乎？對壁垣則曰：屏翰者學之用也，可徒面墻已乎？臨所濬而思以浴吾德，睹所植而思以樹吾德；入門而覩殿廡，思與聖賢爲徒；升堂而聯師儒，思以德業相砥礪。允若兹則修己之道得矣！他日出而爲朝用也，大之廟堂，以康四海；次之藩臬，以綏一方；小之而澤乎一郡一邑。巍巍勳業，比隆前哲，悉于陳君之修學啓之。厥績不益偉且烈哉！不然，是修也，徒侈一時之觀望焉耳，負陳君之盛舉，多士有餘媿矣！余僭立言，固將紀陳君之績，垂諸有永也。敢因以明體適用之學，爲吾應士望。是爲記。（王有容修、田蕙撰應州志卷六藝文志，明萬曆二十七年（一五九九）刻本）

## 應州志後序[一]

薛敬之

今之志即古丘書也。記其本土所育之物，如山川、人物、古蹟、景致，以驗天地陰陽之化，或盛或衰，皆可得而知。亦或世遠言湮，有不知其自者，有可得而考乎其贋。如昔人有陷石室中，見反縛盜械人，以山海經得之，知爲二負之臣也。所以經生學士，賴有文籍之生，欲盡物以博洽乎胸次者，罔不從氣辟以來研窮事物而該乎妙理也。黃帝以是有九丘之作，禹以是有山海之作。志乃漢唐下欲博物者，即二帝遺意也。至於一邑一郡一國，天下靡不然。

予去歲謬膺明來守應，觀其風氣土脈，與秦少殊。急尋志考之，與儒學則曰無，與里居則曰不知。日久，弟子員孝子王經持冊曰：「此應志也」。翌日，守備指揮楊君溥伻來書曰：「舊應志也」。遂按而讀之，其所載不見有物理，其所編不知有賓主，將謂覆瓿之說，又不當在左太沖矣！乃于政事之暇，忘其固陋，采而輯之，爲凡十卷、四十六類，雖不備應所產所育記載之詳，倘觀風者有獲焉，如諸類中得有所考，如古二負之說，是僕此編亦可以不愧於人矣。第不韙之罪，已不逃乎士君子之誅。而其詳略鉅細悉録于前後序，希觀者恕其狂議云。

時弘治己酉六月望日奉直大夫、協正庶尹、知應州事、關西思菴薛敬之書。

（王有容修、田蕙撰應州志卷六藝文志，明萬曆二十七年（一五九九）刻本）

[一] 該序乃明弘治應州志的後記。弘治應州志爲薛敬之編撰，俗稱「薛志」，已失傳。

## 明史本傳

敬之，字顯思，渭南人。五歲好讀書，不逐群兒戲。長從蕙遊，雞鳴候門啟，輒灑掃設座，跪而請教。嘗語人曰：「周先生躬行孝弟，學近伊、洛，吾以爲師。陝州陳雲逵忠信狷介，事必持敬，吾以爲友。」憲宗初，以歲貢生入國學，與同舍陳獻章並有盛名。會父母相繼歿，號哭徒行大雪中，遂成足疾。母嗜韭，終身不食韭。成化末，選應州知州，課績爲天下第一。弘治九年遷金華同知。居二年，致仕，卒年七十四。所著有道學基統、洙泗言學録、爾雅便音、思菴野録諸書。思菴者，敬之自號也。其門人呂柟最著，自有傳。

（明史列傳第一百七十儒林一）

## 明儒學案　同知薛思菴先生敬之

薛敬之，字顯思，號思菴，陝之渭南人。生而姿容秀美，左膊有文字，黑入膚內。五歲即喜讀書，居止不同流俗，鄉人以道學呼之。成化丙戌貢入太學，時白沙亦在太學，一時相與並稱。丙午，謁選山西應州知州，不三四歲，積粟四萬餘石，年饑，民免流亡，逋而歸者三百餘家。南山有虎患，倣昌黎之鱷魚，爲文祭之，旬日間虎死。蕭家寨平地暴水湧出，幾至沉陷，亦爲文祭告，水即下洩，聲如雷鳴。奏課爲天下第一，陞金華府同知，居二年致仕。正德戊辰卒，年七十四。

先生從周小泉學，常雞鳴而起，候門開，灑掃設坐，至則跪以請教。故謂其弟子曰：「周先生躬行孝弟，其學近於伊、洛，吾以爲師；陝州陳雲逵，忠信狷介，凡事皆持敬，吾以爲友。吾所以有今日者，多此二人力也。」先生之論，特詳於理氣。其言「未有無氣質之性」是矣。而云「一身皆是氣，惟心無氣」，「氣中靈底便是心」，則又歧理氣而二之也。氣未有不靈者，氣之行處皆是心，不僅腔子內始是心也，即腔子內亦未始不是氣耳。

（明儒學案卷七河東學案上）

# 奏議大夫金華府同知思菴先生薛公墓誌銘

呂柟

正德三年春二月二十七日，金華府同知渭南薛先生卒於家，柟友李錦以書報于京邸，柟爲之悼痛焉。冬十一月其子乾操廼自其家持南恭政釗所撰狀請銘，柟歎曰：「果哉！ 先生不復可得見矣！」先生生有異狀，長大雄偉，鬚髯修美，腹有七赤痣，左膊一黑文字，深入膚裏。生五歲愛讀書，十一歲解屬文賦詩，稍長言動必稱古道，則先賢。景泰七年爲渭南學生，居止不同流俗，善爲文章，說理而華，十六七即應鄉試。應鄉試者十有二次。試於提學，輒居上等；試於御史，則不第也。成化二年，貢入太學。太學生接其言貌，咸驚歎，先生由是名動京師矣。自太學歸，二親相繼以歿，先生跣足奔葬。時大雪盈尺，兼湝淺泥濘，亦不知避，廼後遂病腳氣，值冬月輒發。母嗜韭，母歿，不忍食韭者終身也。二十二年，太宰尹公拔先生知山西之應州。國朝多進士、舉人爲知州，而先生以歲貢爲知州，太宰亦爲知先生已！

先生之治應也，首勸民耕稼紡績。時當東作，循察田野。民艱於耕種者，必賚之以種子與牛；民貧負租及不能婚葬者，皆與之處。買牸畜數十給之煢民，令其孳息爲養。又務積蔬粟，不三四歲，粟至四萬餘石，乾蔬萬餘斤。尋當饑饉，應民免於死亡，其暨竄而復歸者，劉僧兒下三百餘家，皆與衣食，補葺其屋廬與處，由是屬邑聞風復者沛然矣。又立義塚，以瘞流民之死於道者。道不拾遺。尤雅重學政，數至學舍，切切爲言孔、孟之旨，故應人談至今不置也。先是，州南山虎，累爲民患，先生祭之曰：「吾無虐政及民爾，虎何居食吾赤子？」旬日，而虎斃于壑。蕭家寨北暴水湧出於中田，勢洶洶若將溺人，先生祭之曰：「是將歿吾民乎？吾惡在其爲民父母也？」痛自刻責，忽暴水如鳴雷下洩，人得不溺。城狐爲妖，民驚怖不能帖然，先生祝神明，狐死不爲妖。州有井水黃且鹹，不可人食，一日變爲白水，味甘，其民以爲善政之應云。故應人戴先生如父母，立生祠以報之。時巡撫左公鈺、葉公琪、侯公恂皆深異先生，疊薦于朝，謂先生學行、才術，非止治區區郡邑已也。

乃弘治九年，陞先生遷金華府同知，東南學者如陳聰輩數十人皆摳衣趨門牆矣。居金華二年，致仕，撰金華鄉賢祠志若干卷。正德改元，聖上推恩天下，先生得進爲朝列大夫。至是卒矣，年七十四歲。

宣德十年三月二十八日，乃其始生也。初，先生致仕家居，以事入長安，枏獲遇長安之開元寺，因叩先生。先生言：「蘭州軍周蕙者，字廷芳，躬行孝弟，其學近於伊、洛，吾執弟子禮事之。吾入太學時，道經陝州，陳雲逵忠信狷介，凡事皆持敬遇之，吾以爲友。凡吾所以有今日者，多此二人力也。」周年四十，出求父四方，死矣！因泣下沾裳。枏爲之感懷，乃信先生之學異乎人也。先生頗不理於鄉人口。先生遇人無問人省解不，即爲說道，及至泣下；人或不樂聽，說亦不置。又不善接引後學，後學謁見，忽忽爾待之，兒子等人由是或疵先生之不情也。枏謁先生者再四。見先生年已七十，日夜讀書不釋卷。聽其論議，皆可警策惰志，則亦今日之博學好古、死而後已者也，豈可盡爲之疵哉？先生常病禮記破碎雜亂，非聖人所定經，欲辨注成書。沉潛者十餘年，僅三易藁，死矣。又好靜坐思索，凡有所得，如橫渠法，即以劄記。所著有思菴野録、道學基統、洙泗言學録、爾雅便音、田疇百咏集、歸來藁及演作定心、性說諸書，其言多有補於名教云。

父鑾，以先生官贈應州知州，母王氏贈「太宜人」。贈君生三子，先生爲長，次悅之，次先之。先生諱敬之，字顯思，別號思菴。娶王氏，歿，繼室李氏。李已聘於人，其夫四十年亡在外不歸矣，亦不再字人，至是繼室先生也。王出四子：復心、恒德、謙光、乾操。操縣學廩膳生。女四人。孫男天錫、天佑、天昌、天明、天麟、天賜。賜亦爲縣學廩膳生，年少而聰慧，又善爲舉子業，繼先生之志而大其門者，或此子也。擇正德四年某月日葬於韓馬里胡村先塋，合王宜人之兆，銘曰：「渭河之南，華嶽之北，思菴先生，有黯其宅。」（涇野先生文集卷三十四，明萬曆二十年刻本）

## 關中叢書　思菴野録跋

宋聯奎等

野録三卷，思菴先生讀書得悟，如橫渠所謂心中有開即便劄記之作，所以垂示子孫，非問世也。門人郭璽傳於晉，文孫祖學傳於蜀，其後張大司馬翼明又重刻焉。百餘年來，版片散佚，迄於咸豐初年，樹善從祖廉泉先生闡發幽潛，復有續刊之舉。兹入叢書即取原本印之也。思菴學行見於山西通志、關學編等書，呂公涇野所撰墓誌言之尤詳。涇野蓋嘗師之，謂時論以爲横渠復生，其推崇可謂至矣。生平著述甚富，如心説、性説、定性書、洙泗言學録、爾雅便音、禮記通考、歸來稿、田疇百詠集若干卷，皆不存。所存者，僅有是編而已。書之難聚易散如此，豈不可嘆！卷首冠以墓誌，原刻行實一卷，今從略。

民國二十四年二月校。

長安宋聯奎、蒲城王健、渭南武樹善

# 雞山語要

[明]張舜典　著

# 點校説明

張舜典（一五五七—一六二九），字心虞，號雞山，明代陝西鳳翔陳村鎮人。幼聰慧，潛心理學，拜督學許孚遠爲師，後遊江南，復隨許講學，廣交先輩，與江右鄒南皋（元標）、常州顧涇陽（憲成）二先生交往，數年始歸。明萬曆二十二年（一五九四）中舉，選開州（今屬河南）學正，與諸生朝夕講論，皆程朱語録。陞鄢陵縣令，盡心民事，巨細必理。創設弘仁書院，與諸生講學，置經史數千卷。五年後，陞彰德府同知。明天啓元年（一六二一），陞兵部武選員外郎，上疏勸導皇帝依據古代聖賢的教導行事，疏遠宦官。時魏忠賢專權，舜典嚴詞指責，遂被罷官回鄉。著作有致曲言、明德集二卷，及詩文若干，藏於家。

張舜典好學深思，對儒學多有創獲，強調功夫，力行實踐。一生爲官講學，崇正辟邪，注重弘揚儒家正旨，彰顯真儒精神，挺立關學道統。他提出「明德爲體，明明德爲用」，通過實踐體現「明德」本體的要求，以達到本體與功夫合一，彰顯了明代社會轉型期關學學者恪守儒家正宗的思想特徵。他曾在關中書院主講教學，與馮從吾互相討論學術，有贊襄役助馮從吾之功，馮從吾因而成辨學録一卷，當時學者當作研究理學的學術指南。晚年在陳村鎮創辦弘仁書院，聘請教師，購置經典，廣招生徒，培養造就了一批人才，其中最著名的有寶雞党崇雅、鳳翔袁楷等人。馮、張二人的思想學説與人格精神深刻影響了盩厔李顒（二曲），並通過李顒的繼承和發展，關學思想的影響進一步擴大。李顒高度肯定張舜典的關學地位，指出他爲「近代真儒，關中先覺」。張舜典在鳳翔陳村鎮即家爲塾，與有志士究極學旨，不間寒暑。時馮從吾尚居里第，學會益盛，而張舜典則主盟岐陽，而從遊亦衆，學者尊之，難分伯仲，一時有「東馮西張」之稱。

清代康熙戊辰年（一六八八），盩厔李顒節録選編爲張雞山先生語要，由當時督學許孫荃資助刊行。今存民國二十四年（一九三五）陝西通志舘關中叢書刊本，邵力子題爲雞山語要，分別收藏在陝西省圖書舘古籍室、陝西師範大學圖書舘和西安市文物局古籍室，其他地方也有流傳及收藏。上海書店出版社于一九九四年曾作爲叢書集成續編影印出版。

本次點校以民國二十四年（一九三五）陝西通志舘關中叢書刊本雞山語要爲底本，以清道光五年（一八二五）范鄗鼎彙編的廣理學備考中之張雞山先生集等爲校本，又搜尋其他相關材料增補爲附録。

點校原則如下：一、混用字逕改不出校。通假字、古今字、異體字等遵原版本貌不擅改動。二、凡版本不同，字有異者或有訛、脱、衍、倒者，出校列出或説明。

韓星

# 序

許孫荃

有明關學繼文簡公而起者，長安則有馮少墟先生，岐陽則有張雞山先生。二公生同時，東西相望，相與往復辯論，倡明斯道，學者景從，一時稱極盛焉。數十年來，少墟公全集賴二曲徵君重爲釐定，完整如新。雞山著述，毀於兵燹，無有過而問者，後起士子幾不知何許人矣。徵君亟爲余言，余行部周原，訪其後人，得其致曲言、明德集二種，反復卒讀，而後知其生平之所得力，其所以提撕後學者莫過乎此也。學人之病大抵有二：上焉者高談性命，虛無惝怳，不肯實用其力；下焉者仰視聖賢，以爲神靈天縱，非下學所可庶幾，遂甘於遜謝而不能強致其功。由前言之，其失也妄；由後言之，其失也愚。二者交作，異學爭鳴，而聖賢大中至正之道馴致蕪沒不彰矣。夫知敬知愛，孩提皆能，堯舜可爲，言豈欺我！學者誠由是編而究心焉，因其固有之良而擴其所拘，祛其所蔽，優遊漸漬，涵濡而長養之。由一端以至全體，由偶發以至常存，則大聖大賢不難積累成也。先生之有功於天下萬世，豈其微哉？因請徵君手爲考正，去其枝葉，擷其精英，合授之梓。學者讀此，其亦可憬然而自奮乎！

康熙戊辰初春淝水許孫荃撰

# 引

李顒

鳳翔張雞山先生，明季理學真儒也。深造自得，洞澈大原，與長安馮少墟先生同時倡道，同爲遠邇學者所宗，横渠、涇野而後關學爲之一振。兩先生歿而講會絶響，六十年來提倡無人，士自辭章記誦之外，不復知理學爲何事？兩先生爲何人？閒有知馮先生者，不過依稀知其爲馮侍御、馮司空，有遺書。先生位卑而地僻，並其姓字，亦多茫然，人與書泯滅不傳，余有慨於中久矣。頃學憲許公晤余談學，因語及先生，公肅然起仰，退而躬詣先生故里，建坊表章，訪其後裔，得先生所著致曲言、明德集示余。余竊不自揆，僭爲訂正，摘其確且粹者，勒爲斯編，更題曰張雞山先生語要。滴水可以識全海。公亟捐俸梓行，俾蕪没餘名，託以弗墜，可謂先生後世之子雲矣。公政崇風教，加意理學，行部所至，寤寐名賢，存者式廬，没者闡揚，表前修風，後進啟佑，關學之意甚盛。讀斯編者，誠勃然思奮，於辭章記誦之外知所從事，庶不負公殺青之意，而關學墜緒可以復振，實百二河山之幸也，區區敬拭目以望。

康熙戊辰孟春盩厔後學李顒題

# 跋

宋聯奎等

右雞山語要，明鳳翔張雞山先生著，原本爲致曲言、明德集二種，後經李二曲徵君訂正，改題斯名，合梓行世。二百年來，關中屢遭兵燹，原刻不可復覩，茲僅覓得抄本，於原書不遺一字，關學一脈得此庶幾不墜矣。卷首致曲言下注有「節録」二字，殆二曲序中所謂「摘其確且粹者」歟。明德集頗採馮少墟集中語。先生與少墟同受知於提學許公孚遠，交亦最契，能近取譬，以資印證，理固然也。顧少墟全集久成巨帙，而先生獨以位卑地僻，暗黮於斯道絶續之日，藉非二曲一言，輶軒引重，名已就湮，遑言遺著耶？朝邑李氏桐閣謂先生在天啟朝有勸聖學、遠宦寺之疏，爲閹黨所忌。又令鄢陵時，預製軍器若干儲庫，並謂行當有用。後邊事急，以所貯應之，精利爲他邑冠。然則先生經世之學，卓然有可以表見者，豈高談性命所得同日而語哉！是編印行，以詔後起，又不僅百二河山之幸也。民國二十四年三月校。

長安宋聯奎　蒲城王健　南鄭林朝元

# 致曲言

## 致曲言原序

古之學也一，今之學也三。一曰亂真之學，陰拾乾竺之唾餘，陽飾吾儒之面目。雖言性也，非吾儒天命之性；雖言心也，非吾儒義理之心。使初學中道亡羊，歧途莫辨，而吾儒心性之學爲所蝕矣。二曰徇世之學，誤以富貴爲功名，誤以辭章爲道德。世道雖略幹旋，不敢以三代之治期斯世；人心雖略補救，不敢以三代之人期斯民。生今安今，不復敢望再見前古之治，而吾儒經世之學，爲所卑矣。三曰執一之學，恥循先民繩墨，傲然自築宮牆，標宗立門，執片語以自信。是者，蓋亦不外濂、洛、關、閩之餘緒；非者，又非吾儒之說也。而吾儒中正之學，爲所亂矣。夫異端俗學，顯然畔吾道也。此三者，皆以千古人豪自期，倡明斯道爲任，猶不免有三病焉。道何由而明且行哉！脱兹三病，道脈有攸屬矣，鳳翔張心虞先生其人乎？先生生横渠梓里，與長安馮先生爲莫逆交。馮先生因而成辨一録，海宇藉爲指南，其言曰：「釋老之學，不必多辨，只兩句可了。如曰『君子之道造端乎夫婦』；如曰『堯舜之道，孝弟而已矣。』謂彼之教，亦從孝弟夫婦乎？則便不通。故曰惡異端，恐其亂學也。」又曰：「釋氏之論性似告子，其不動心似孟施舍。釋氏以死恐人，使人學道；吾儒亦以死警人，使人聞道。其宗旨判然不同。」又曰：「釋氏識心不識造化。」如是之類，足徵先生無亂真之病，且深足爲亂真者藥。先生教開庠宰鄠邑，以三代政教自任，武城單父之治再見於今。至請除資格一疏，尤爲千古用人石畫。聖人復起，恐不能易其言。曰：「古人無兩般學問，修其天爵而人爵從之，所以學得中用，出世則有益於世。今人習舉業，則安問天爵，即舉子亦講説道德，終成二段。所以學不純一，業不光明，職此之故。」又曰：「天爵良貴是性分之物，士之自重以此。惟

辛全

自有科第以來，卻失此意，士反賤了。」又曰：「今人皆借口事君之義，通不知潔身。雖讀孔孟書，其行事不離伯者之術。噫！弊也久矣！」如是之類，足徵先生無徇世之病，且深足爲徇世者藥。先生之學，以求仁爲宗，一稟於濂、洛、關、閩繩範，即近世儒先無不各採所長，其言曰：「近時理學先生各自以爲有所得，然謂之學孔孟之道則可，謂之與孔孟之道毫髮無差，則不敢以爲然。」又曰：「今人皆欲高過宋儒，恐流於異端而不自知。孔門精微意旨賴二程、横渠剔撥出，大有功爲學規矩。考亭先生把得絕定，莫走作。」如是之類，足徵先生無執一之病，且深足藥世之執一者。無三病，且藥世人之三病，滿腔惻隱，先生其仁矣乎！千古真傳，不容捨先生而他寄也。小子佩先生禁方，幸免罹三者膏肓，猶恐世之人病狂而不知尋覓針砭，與未病者而至於病也，遂贅數言以鳴先生之苦心，知我罪我，奚恤哉！若致曲精旨，備載録中，亦不必復喋喋也。是爲序。

天啓元年春仲良日河汾後學辛全書於真樂窩中

# 致曲言自序

張舜典

夫聖，誠而已矣。然有誠者，有誠之者，天人之殊也。天道爲不思不勉，非所易，及其次，則致曲而已。是故，學利困勉致曲之人也；學問、思辨、篤行，致曲之功也。曲之爲言微也、隱也、委也、盡也、一偏也，曲而能誠如火之始然、泉之始達也。不忍於觳觫怵惕於入井，不受不屑於嘑蹴，皆曲之發誠之端也。於此致之則爲仁義，於此致之則爲至誠，故洙泗之設教，多致曲之功焉。輓近世好言本體而忽略於工夫，竊恐於誠之至誠無當也。余賦質不敏，少亦有志於學，中閒爲文辭所溺，俗務所累，後又爲異説所亂者亦復數年，今憤然而力爲致曲之功，又恐年運而往矣，於余心恒戚戚焉。然幸與二三君子遊，且天啟其衷，亦稍稍有聞，自不敢怠且棄也，於是勉強學思，或於談論閒，或於讀書閒，或於清夜静坐閒，偶有一得，恐復遺忘，輒筆記之，僭竊爲致曲之助。若同志君子覽而教之，則鄙人之願莫大矣。後有所得，俟續録之。

萬曆戊申仲春岐陽張舜典書於澶淵之闇然亭

# 致曲言 節録

岐山張舜典著　盩厔李顒中孚校　漯水許孫荃四山校

聖學工夫只是慎獨，獨不止人所不知不見，雖鬼神亦窺測不破。慎獨即是惟精惟一之旨，即獨之廓然便是中，中之發便是和，此等工夫不倚見聞，不靠知識，肫肫其仁，淵淵其淵，浩浩其天，故曰：「立天下之大本，知天地之化育，夫焉有所倚？」至誠誠之，同此一般機竅，天人初無二理。

心不爲形役，理不爲勢移，此之謂大丈夫。

有事時人多逐物，無事時人多著空，惟敬以直内，義以方外，則無此二病。總之，在隱微中體貼，久久自有得處。

自處貴清冷，接人貴溫和。

大抵學術要正，規模要大，立志貴堅，用力貴深，性情以平，氣象以和，敬其主宰，義其順應，其庶矣乎。

古今之學，實是不同。古人學成要旋乾轉坤，陶冶世道，世道隨我而轉移之，我却立得脚，定如北辰，與指南鍼一樣。後世之學祇是隨世轉移，與世浮沉，中間略帶些義理做事，遂說此孔子無可無不可家法。豈知孔子雖無可無不可，却不稅冕而行，接淅而行，何等斬截！今人皆藉口事君之義，而通不知有潔身之道。雖讀孔孟之書，其行事不離伯者之術。噫！學弊也久矣，可慨也夫！

大學言功夫，中庸兼本體而言之；大學言人道，中庸合天人而言之。此皆孔門之微旨，非此則聖學不傳，不知學人，縱幹成事業，炳炳烺烺，然終有渣滓，終脱不得俗氣。

自三代以還，無王道，何也？皆不知修身爲本。而本之道理在孔、孟明明說破，奈何後人覔才而不愛道，重外而不重内，開口動務，若逕庭之相遠耶！

人若知學，不惟讀聖賢書有所裨益，即開眼見無物無事無非道者。

慎獨是存心養性之口訣，不墮空，不滯有。

嗚呼！大丈夫生於人世閒，要當以輔世長民自任。若徒以詩文自好，以求聲華，不過是粧點世道。下之取科第，得富貴，無所建立，乃搪塞世界耳。

人心與道心相去不多。自己覺危處便是人心，不危處便是道心，却微也。於此不用精一之功，何以得至執中地位。

學者常時須要有風恬浪靜景象。

三代以下無王道，溺於文辭不能見天德。

人須是實實學問，切己用功於道，方有得處。若只依憑口說，或靠書策，便不濟事，終不長進。

大抵人少時多希望「名利」二字，及老時多懼怕「死生」二字，所以易流於俗學，易入於異端。若除此二病，則於道始有入路。

俗根難除，客氣易動，乃學者之大患。惟知存仁，則無此事。踐履純而不達性命者有之矣，未有達性命而踐履不純者也。

學者欲敬以修身，須體君子所貴乎三與四勿之旨，久之自有入微之妙，慎勿易易視之。

今人作官爲政不在作官處差，從出處進退時已先自差也。

用意鑽研固好，然於道只見個影子，須是神明其德方妙，故曰默而識之，又曰吾斯之未能信。

吾意若有所得而忽失之，不純故也；吾意若有所得而不能發之，不克故也。時時當自提撕，以求日進而後可。

工夫須在當下做，灑落即在當下有。夫子曰：「學而時習之，不亦說乎？」又曰：「發憤忘食，樂以忘憂。」皆是此意。

孔門顏子、曾子得時習之學。

「君子無終食之閒違仁，造次必於是，顛沛必於是」，此只是狀得一箇時習。

夜來羣動皆息，諸妄不動，似稍稍悟得一「仁」字，第口說不足以發。

學者要脫灑，不是放肆；要敬慎，却不是拘束。惟識得仁了，則無此病。

精神要凝聚，不要昏散。惟慎獨是凝聚之方。夫然後造次必於是，顛沛必於是。

孔門論學闢鄉原，論政闢伯術，此其大概。此二者皆意不誠，心不正也。

凡人立志，須要有鳳凰翔於千仞氣象方好。如何得如此？只是不貪富貴，不厭貧賤，便能日向上去。

俗事之相習，如人與有疥人同寢一般，染著些便不得愈。

學者全要精神凝聚，自然動作無差。

清明在躬，志氣如神，惟敬然後能進於此。學要精進不息，稍懈則前功盡棄。

學者要無入而不自得，須是安分慎獨。蓋心無妄念，則自空淨脫灑。

東銘，學者入道之門，讀之則知敬以修身。

「率性之謂道」一句，妙絕古今。舜之由仁義非行仁義，及不學、不慮、不思、不勉，俱屬率性。

顏子之「克復」，曾子之「弘毅」，孟子之「浩然」，名雖異而學則同。學者須從此學，則自能接洙泗之統。

默而識之是聖門妙悟之方，惟顏子能之，不落聞見知識裏面。

慎獨之學，超情離見，修卽修此，思卽思此，敬卽敬此。不如是性，何由透德？何由明仁？何由體？

捨當下，捨自己，別無工夫，亦無本體，卽隨事點檢，終成義襲之學。

齋戒以神明其德，方得仁之眞境。會得時盡天地萬物與自己打成一片，渾融瑩徹，活潑潑地一團生機。其如難言，此之謂率性，此之謂眞樂。學不到此，終非自得。

學只要當下默識，自省自得，別無異旨。

從悟而修則修爲眞修，從修而悟則悟爲眞悟。至於修悟兩忘，則聖功極矣。

默而識之，學而不厭，以通神明之德，以類萬物之情。學只在當下默識，當下踐履。

人時時要惺惺，自於事不錯；若昏散時，奚止於事錯，卽自家一個身子亦沒主宰。故知明德，徹內外，貫物我。

學問自有真路頭，不落情見，不着氣魄，故曰：「無然畔援，無然欣羨，誕先登于岸。」又曰：「不大聲以色，不長夏以革，不識不知，順帝之則。」

知、仁、勇總是一心。一念之不蔽便是知，一念之不私便是仁，一念之不息便是勇。總之，喚作仁亦可，喚作誠作中亦可，故曰：「吾道一以貫之。」若論學則成三也，道惟一致。若在學者說工夫，說一可，說二、說三、說四、說五，以至於十亦可，惟在大本分明。

士大夫有大俗處，人多不知。蓋士貴聞道，藝形而下。心地不明，事事皆錯。若能明得，便是聞道，故曰「朝聞道，夕死可矣」。由是觀之，世間多少醉生夢死漢。

世皆欣羨豪傑之士，不知豪傑之士不必知人之所不能知，爲人之所不能爲，但一念向往於道，則自脫凡，近以就高明。故曰：「待文王而後興者，凡民也。若夫豪傑之士，雖無文王猶興。」

「無爲其所不爲，無欲其所不欲。」時解大費辭說。蓋人性空淨，本來何所爲？何所欲？學者無別奇特，第無爲、無欲，不失他本來面目可耳。故曰：「所惡於智者，爲其鑿也。」有爲有欲則鑿矣。此復性之旨，惟深於學者則知之。

聖賢教人，祇在心上用功，以了此性分內事。今人全不在心上用功，好將聖賢言語逞其意見，千解萬解，著書傳之于世，不過求得虛名，於自己身心毫無補益，真可謂舉世憒憒矣。

學當遵古，亦不可信古之過，如井田、封建、子弟爲尸，今自難行，變通以宜人，惟不失先王之意可也。若衣服、器用之類，今人變好處，亦儘多矣，故學者惟在心上安，理上通。

# 明德集大旨總論

岐陽張舜典著　二曲李顒校

## 首敘宗旨

稽古論學之旨多矣，而此獨以明德標宗，何也？蓋天之明命卽人之明德，乾以易知，坤以簡能，易簡至德，非明德而何！故書曰「克明峻德」，詩曰「予懷明德，有覺德行」，易曰「君子以自昭明德」，曰「通神明之德」，又曰：「天地之道，貞觀者也；日月之道，貞明者也。天下之動，貞夫一者也。」大學首提宗以立教，曰「明明德」，又口「古之欲明明德於天下者」，此今所以論學以明德標宗，不雜別旨，非意之也，述千聖之學統也。試觀於人心，孩提之不學、不慮，聖人之不勉、不思，炯炯一念而無念，昭昭於心目之間，蔽之不能昧，擾之不能亂，減之無所損，增之無所益，與天地合德而日月合明，通乎晝夜之道而知，非明德而何？曰知仁，曰中和，曰至誠，曰至善，曰一貫，曰浩然之氣，皆此明德之異名耳。後儒有以主靜立極立宗者，識仁定性立宗者，存心致知立宗者，先立乎其大立宗者，心之精神爲聖立宗者，以自然立宗者，以致良知立宗者，近又有修身知止立宗者，其爲物不貳立宗者，非不各有所見，各有所得，終不若尊聖經、論聖學，祖述歸一之有據也。此集所以立明德爲宗。

立此明德爲宗，使人有所歸依，有所向趨，心不妄用，意不他適，功不雜施，單刀直往，不生疑慮，不執一偏，簡而易，直而自然，不虛僞，不變易，爲可進修途不迷也。

問：「諸經書既有明德之義，何須重說，以滋煩聒？」曰：「雖有此語，其言散見而不統一。又有其旨則同而其言則異，恐讀者不曉，因文而別生意見，故此統宗直說，以見同歸一致之宗。」

又諸後學聰慧之士不乏，或以爲明德不盡而別生一意以立宗者，或以常談無奇而視之若無若有者，故今須重宣重解，以見無二之宗。

明謂自明，明物。明盡徧照，卽明爲德。惟德本明，一性之妙耳。

## 論明德體用及功夫之深造

夫何謂之「明德」？「德」謂心之良能，「明」謂心之良知，一體而二名。是明德者本性之尊稱，卽本性之實際也。非從外來，乃自有之，自然天然，不待學習，不煩擬議，卽天而天，卽地而地，卽人而人，卽物而物，在聖不增，在凡不減，大行不加，窮居不損，夭壽不貳，分定故也。放之則彌六合，捲之則退藏於密，統之爲明德，分之爲仁義禮智。「天生烝民，有物有則」，此明德卽天則也。能明之則爲賢、爲聖，不能明之則爲愚、爲狂，故先知知此也，先覺覺此也。當下便是鳶魚飛躍於前，動念卽乖桎梏，梏亡於後。是在默而識之，時而習之，然後此德自明。若夫行矣而不著，習矣而不察，故終身由之而不知其道者，衆矣。且醫書以手足痿痺爲不仁，則仁爲覺性可知已，是仁亦明德之異名耳。天命命此也，率性性此也，修道道此也，誠身誠此也，明善明此也，此明道所以謂「學先識仁」，識得此理，以誠敬存之而已，不須防檢，不須窮索。若不透此，卽好高出衆，能均天下，能辭爵禄，能蹈白刃，而君子終不謂之知道也。

明德在心，隨物而照，照本無物，其體不動，清淨無染。無體之體，是謂眞體。目視而明，耳聽而聰，口言而從，心思而睿，皆德性之發越。通身是眼，通身則明。四維上下，往古來今，無不皆是明德之流貫，此外無剩物無別事了。此則經綸大經，立大本，知化育，溥博淵泉而時出之，朝聞此，夕死可矣。

明德無内無外，無人無己，無遠無近，無聲無色，無可無不可，無名無字，若執一以求之則不得。

以言語文字求之則不得，離言語文字求之亦不得；以見聞知覺求之則不得，離見聞知覺求之亦不得。默而識之，始露端倪。

明德以新民，非明新之外別有至善性之德也，合外內之道也。於格致誠正密其功，於慎獨持其要，於未發見其本，於發而中節妙其施。此復性之大旨，千聖之秘密藏乎！

人人具有此一點靈明，湛若虛空，遍一切處而一切處不能爲彼障礙。無僞妄，無變易，寂而能照，感而遂通，清水朗鑑，不足以喻其體，命之曰明德。聖人最善名狀，故曰「清明在躬，志氣如神」，曾子由是以窺夫子，則曰：「江漢以濯之，秋陽以暴之，皜皜乎不可尚已！」

明德在心而無心，在意而無意，在知而無知，在物而無物，無見於天下國家而明至於天下國家，無有於天地萬物而明通於天地萬物。卽之則無，而體之則有，所謂「口欲言而辭喪，心欲緣而慮亡」，惟善悟者得之。

寂然不動，感而遂通，目之明德。若論其至，卽聲臭尚無，而「明德」二字亦無處安着。

能攝能照，無體無質，有如水火，明德之謂也。

夫明德以天地萬物爲一體，則亦以位天地、育萬物爲大用。近取諸身，目非此無以明，耳非此無以聰，口非此無以從，心非此無以睿；遠取諸物，家非此無以齊，國非此無以治，天下非此無以平，無時無處而非明德之妙用。然思議安排卽非妙用，未發不擴然而大公，應物不順事而無情，自私用智，天則一失，卽運其才慧，事功成就，有聲有名，人喜人悅，傳之天下，見之史冊，烝嘗尸祝，皆非明德之眞際矣。

## 明德體大而用廣

此明德，無論聖凡，無人不具。第自有生以來爲氣稟所拘，物慾所拘，習染所污，則不能清明光輝，以復其初。貪嗜慾，求富貴，慕功名，務別學，如醉如夢，如癡如狂，而明德安在哉？學者須明之，以復其初。第一，要立志尋師友，讀性理之書。要信得及，知得眞，息一切妄念雜想；要有宗趣，要有法門，要有功夫，要有結果，以造到極至之地。總之，即本體以爲功夫，由功夫以復本體，不欲不速助長，惟善學者能修思以得之。

其次，第詳密之功在大學，其直截易簡之功在中庸，其散説指點煆煉之功在論語、孟子，其精微透底之旨隱隱發於周易之繫辭，而書以啓其端，詩以發其興，禮以履其實。然大學乃孔門遺書，而初學入德之門也。洙泗設教，旨趣有顯密，議論有廣略，因人有利鈍，垂訊有偏全，指示有頓漸。而總之令人明德，則以定、靜、安、慮，明德之眞境，而知止爲頭腦可知。

明德是體，明明德是功，非即本體以爲功夫乎！顯證默悟，不用意見湊泊氣魄，支持格套拘泥，要將種種嗜好，種種貪著技能，種種凡心習態，一切斬斷，令乾乾淨淨，無纖毫夾雜，夫是謂之「洗心齊明」。

不用勝心虛見影響之知，義襲之行。

夫道有本源，學有極至，未能深造而逢原，終屬半路行人，故易曰知至至之，知終終之。語曰：「可與共學，未可與適道；可與適道，未可與立；可與立，未可與權。」又曰：「知之者不如好之者，好之者不如樂之者。」孟子曰：「可欲之謂善，有諸己之謂信，充實之謂美，充實而有光輝之謂大，大而化之謂聖，聖而不可知之謂神。」皆貴登峯造極之談。即以夫子證之，由志學不已而進於立，由立而進於不惑，而由不惑而進於知命，由知命而進於耳順，由耳順而進於從心不踰矩，而後爲聖人之證悟，則道有精微、學有歸宿可知也。然非明德之外，別有高深之談，即明之極明而復其原初是也。若少有一毫夾雜，少有一毫滲漏，少有一毫安排，少有一毫未化，則於明德猶隔羅縠，而於至善猶爲未止，理則當下便是，而事非一蹴可成。有頓而悟之者，有漸而修之者，雖天人性教，初若分別，而究竟至於盡性至命，則一而已。明德乃性命之別名耳，天地人物一切有之不二不息而極其不測，渾天地萬物而總一明德，分天地萬物而各一明德，第無知草木之屬，及有情物類具之而不能明，惟人爲能明之。故本具明德而未嘗明德者，凡夫也；未即明德而求至明德者，賢人也；具足明德而無不明德者，聖人也。欲明德而捨之倫常，則異教空而無實。襲明明而假之功利，則伯術，僞而非眞。即偏之爲我兼愛而仁義未融，雖高之爲清爲和而性體未圓。

凡爲此明德之學，不論有事無事，自省此中能空淨不染否？安靜不擾否？脱灑不憂否？視聽言動能復禮否？喜怒哀樂能中節否？綱常倫理能不虧否？仕止久速能當可否？辭受取與能不苟否？富貴貧賤能一視否？得失毁譽能不動否？造次顛沛能一致否？死生利害能不懼否？習氣俗念能消除否？常自覺察，須要無入而不自得。善明而初復，始爲了手得歸宿矣。

明德雖在心上，卻要身上體認，方見明德之實。故動容貌要遠暴慢，正顏色要近誠信，出辭氣要遠鄙倍。若此身不修，與常人一般，更安論於天下國家！安論於天地萬物！即諄諄談説，吾不信矣。

要明明德，須要消除妄念及執着。若妄念不除，則情欲愈日深；執着不化，則固蔽成病。總之，一是不學之過，一是偏見之累。過此二關則心體清明，寂而常照，日用尋常，無不在此覺中。

此德雖本明，而妄念一起則昏而不覺，然其明者未嘗不存。若論明之之功，則在自己。故曰：「誠者自成也，而道自道也。」「爲仁由己，而由人乎哉！」知遠之近，知風之至，知微之顯，而始得力於下手之功。自唐虞相傳以來，不離此幾微獨知處，有志者須當頃刻兢兢于此。

夫子恐人畏難苟安，退縮自書，故多直截言易，以啟其悟；又恐人得少爲足，躐等妄求，故多循序言難，以詣其極。

聖們立教有先知後行者，有先行後知者，有知行合一者，有即知爲行者，有即行爲知者，有言知而行在其中者，有言行而知在其中者。又有夾持之語，有單提之語。蓋論心是名，而知乃其體。「知」之一字，衆妙之門。淺言其知，知屬解悟；深言其知，知乃證悟。除知無行，除行無知，非如眼之與足猶爲二物。故乾坤立而富有日新，其爲物不貳而生物不測。達天之學，惟明明者以之。

吾儒經世而能出世，雖未嘗諄諄而言了生死之理，然而生死之理亦隱隱言之，曰：「朝聞道，夕死可矣。」曰：「夭壽不二，修身以俟之。」故時而可死則捨生取義，時而可生則明哲保身，惟義所在。非知性之君子，其孰能之？

天地間道理無窮無盡，而學亦無窮無盡。有唐、虞、三代之所未言及者，而孔子言之；有孔子之所未言及者，而孟子言之；有孟子之所未言及者，而後儒言之；有前聖之所未言及者，以俟後之聖人。故有不能知、不及知、不必知者，而君子亦何必苦其心思，以妄通之？若心性之宗，則先聖後聖其揆一也。一德明，則無所不明。

「明德」二字，是宗旨，亦是題目。知止而定、靜、安、慮，其明之光景；知先後而格致誠正，齊治均平，是明之實際；總之以修身文本，是明之結束。大學言其詳，是乃漸悟漸修，不欲速助長；中庸言其要，是乃頓漸其有，而修悟兼至。蓋大學以學言，略于本體，以俟自悟；中庸以道言，直露本體，以求深造。總之，無頓無漸，無修無悟，及其歸致，則一而已。

## 寄同志諸友文

此學問是性命一大事，古今一大事，人生一大事。除此則無理可譚，無事可行矣。雖平易而實精微，雖淺近而實神妙，雖有爲有思而實無聲無臭。未嘗不貴節介，而節介猶其粗；未嘗不貴事功，而事功猶其末；未嘗不貴文辭，而文辭猶其跡。須要如舜之由仁義行，非行仁義；須要如文之不識不知，順帝之則；須要如孔子之從心所欲，而不踰矩。少帶知見，少着情識，少有做作。卽屬滲漏，何以爲率性之道？故必高高山頂立，深深海底藏〔二〕，然後爲至也。若參禪靜坐而可以爲道，則馬祖、百丈輩卽可以紹孔、孟；若飾行廉潔而可以爲道，則黃憲、范丹輩卽可以績洙、泗，有不待濂、洛諸儒始爲之研窮也。此事自有眞命脈、眞消息、眞宗旨，惟在人之自悟、自修、自證何如耳。僕雖淺陋粗略，未造其極，然每每隨事隨念思之，則知其必如是也。望諸公深造自得，齋戒以神明其德，以致美大聖神之域，無徒爲鄉黨自好之士。豪傑之士，雖無文王猶興，諸公獨不可爲豪傑乎！何時相聚，得講一番更快也。如肯遊嵩少，當懸榻以待之。迂言蔓蕪，希相諒於楮墨

〔二〕「藏」：廣理學備考張雞山先生集作「行」。

之外。

## 寄答劉芹野

詩云：「有覺德行。」〔二〕今人惟知「德行」已耳，而「有覺」之言，殊不尋思，此中大有旨意。會得此，則明明德之學，不煩訓詁講究，而自了然於目前矣。不知尊意以爲何如？

## 答靈臺楊心吾

聖學切要肯綮之處，無過知微慎獨，其中精義，有不容言。要在深信深造，方得其妙，非區區俗儒口耳之談。惜我輩年長，又不能長相聚會，研窮此意。虛過時光，殊爲耿耿。

## 寄沈芳揚道尊

昨承教言，及近時默坐澄心，以體驗未發時氣象，正見老公祖心體之眞，欣服無已，正程門相傳旨訣。如此用力，久久必有所得。奚止宋儒言此，論語默識，繫辭洗心退藏，皆是此意。非如此，則無所持循，即日用點檢，終屬義襲，又安得動靜一致、事理一貫也！此非偏靜，乃立天下大本之學。淵淵其淵，非深造自得者，安能知之！如釋氏談禪，雖辨若懸河，義

〔二〕廣理學備考張雞山先生集詩前有「抑之」二字。

若走珠，身世不修，止觀寂照，終屬口談。不審尊意以爲何如？

## 寄馮少墟文

遠遊數年，鄉思殊深。非止思鄉，正懷想有道，欲求講究及印證也。春來幸得兩度長安，親吾兄光霽，渴想少慰〔二〕，而開我茅塞，示我周行，真如在春風中坐數日也。蓋近日學者不患不講而患講之不正，不患不正而患講之不明。若不明而求踐履，則不知從何處下手也。兄之講究，極正而明，把定孔、孟法則不令走作，以性善爲頭腦，以復性爲宗主，以日用爲體驗，不惟自悟自信之深，而凡同會交遊，亦無不相信之篤。兄之學可謂證諸古今，而流貫人己矣，敬羨敬服！弟出關而過嵩少，山川之勝，若更增我道心。回思兄之講究，意更飛動，昭然似見於目前。四月復至鄢陵，雖俗吏之態，猶然故吾，而諸凡事務，若少有所警覺，少有所體悟，少有所得力，皆兄之教我，實受其益矣。邀天之福，政雖三年未成，而亦幸三年無過，今得給由賫冊入京矣。得恩典後，欲還汧渭，以返初服，與兄相與，極力講求，以期深造自得，此鄙人之願也。

馮少墟先生曰：「一念不起，純然是善，惟有念而後有善惡之不同。故戒慎不睹，恐懼不聞，而朱子解之止曰『存天理之本然』。莫見乎隱，莫顯乎微，而朱子解之卽曰『遏人慾于將萌』。」「發而皆中節謂之和」，此「節」字乃天然自有之節，就是中，不是人爲。

或問少墟馮先生曰：「吾子云人生天地間，惟有講學一事固矣。第講學者，多惹人議論，奈何？」曰：「議論何病？議論然後見君子。且吾輩爲學，非所以學孔、孟耶！孔子講學，或人疑其爲佞；孟子講學，外人議其好辨。不特此也，伊川有『洛黨』之嫌，紫陽有『僞學』之禁，真西山稱爲『真小人』，魏了翁號爲『僞君子』。自古聖賢未有不從是非毁譽中來

〔二〕廣理學備考張雞山先生集爲「渴思少慰。」

者，故曰：『若要熟也，須從這裏過。』又曰：『金不練不精，玉不琢不美。』可見，是非毁譽，聖賢方借以爲鍛煉砥礪之資也，又何計人之議論哉？不然瞻前顧後，方信忽疑，是遵道而行、半途而廢者也，何以謂之孔、孟，又何以謂之程、朱哉？白沙先生詩有云：『飽歷冰霜十九冬，肝腸鐵樣對諸攻。羣讒衆詆尋常事，了取男兒一世中。』願與諸君日三復之。」

朱晦翁曰：「許多紛紛都從一我字生出來，此字眞是百病之根。若砍不倒，觸處作災怪也。」薛文清亦曰：「人所以千病萬病，只爲有己，故計較萬端。惟欲己富，惟欲己貴，惟欲己安，惟欲己樂，惟欲己生，惟欲己壽，而人之貧賤危苦死亡，一切不恤。由是生意不屬，天理滅絶，雖曰有人之形，與禽獸奚以異！若能去『有己』之病，廓然大公，富貴貧賤，安樂生壽，皆與人共之，則生意貫澈，彼此各得分願，而天理之盛，有不可得而勝用者矣。」由此觀之，則二先生之學可知。若不於此處究心，而曰我學晦菴、文清，吾豈知之哉！

人人能克去「己私」二字，便是青天白日，心腸便是海闊天空，度量便是光風霽月，襟懷便是天清地寧。世界何等瀟灑，何等快樂！故曰善，故曰舜之徒。

問：「天下歸仁，與叔作八荒，我闔文公作歸，猶與也，何如？」曰：「二說原是一意。所謂『德不孤，必有鄰』者此也，所謂『東海西海，有聖人出焉，此心此理同者』此也。第己之未克也，則肝膽吳越，方寸荊棘。吾心先與天下隔，而天下安得不與吾心隔？及一日之既克也，則一腔四海八荒，我闔吾心先與天下通，而天下安得不與吾心通？天下豈有不與吾仁者哉？況同然者在我，卽千古且與其仁又何？況天下二說，原是一意，不可分而爲二也。」

學問只要得這個同然的。得此同然，則可以考三王，可以建天地，可以質鬼神，可以俟後聖，而況于天下豈有不與吾仁之理？不然，眞是肝膽皆吳越，舉足皆荊棘矣，況天下哉！論學得其所同然，則楊、墨、佛、老不能爲之亂；論政得其所同然，則申、韓、桑、孔不能爲之奪。

問：「天下非之而不顧，得無於同然之說有礙乎？」曰：「天下非之而不顧，彼正信得其所同然也。蓋天下有一時之浮議，有千古之是非。彼誠看破千古之是非，得人心所同然，所以天下非之而不顧耳；苟不得其所同然，而曰天下非之而不顧，則無忌憚甚矣。此安石之人言不足恤，所以得罪于天下後世也。」

聖人先得我心所同然耳，聖人講學故先得我心所同然，我亦講學故後得聖心所同然。聖人與我分得先後，分不得異同。

論氣，則聖人得其清而我濁；論質，則聖人得其厚而我薄；論時，則聖人生於古而我今。如何學得聖人？所恃者，此同然之性體耳。故曰：心之所同然者，何也？謂理也，義也。心之理義是謂聖心之理義，是謂性體。

問：「人生所遇不齊，多不免動心，奈何？」先生曰：「人生本自如太虛，一切窮通得喪、是非毁譽，真如寒暑風雨，原與太虛本體無與。卑之存一狥世心不是，高之存一憤世心尤不是，只平心易氣應之便合太虛之體。隨其所遇，便都是瀟灑快樂境界。」先生又曰：「請問人生所遇不齊，而知動心後能齊否？」曰：「不能。」先生曰：「既不能，可見還多了箇動心，到不如只平心易氣應之，自家還討個受用自在。」

## 答涂鏡源中丞

從吾多病暴棄，自每旬會講外，惟閉關靜坐。每靜極，則此心湛然如皓月當空，了無一物，似乎少有所窺，然終不敢自信。不知知己何以震發之，使不終于暴棄，幸甚！

## 答黄武皐侍御

陽明先生「致良知」三字，眞得聖學眞脈，有功于吾道不小。「知善知惡是良知」一語，尤爲的確、痛快。第「無善無惡心之體」一句，卽告子無善無不善、佛氏無淨無垢之旨，不容不辨，何也？良知「知」字，卽就心體之靈明處言，若云無善無惡，則心體安得靈明？又安能知善惡耶？其靈明處，就是善其所以能知善能知惡處，就是善則心體之有善無惡可知也。是無善無惡之說之誤，卽就先生「知善知惡是良知」一句證之也。且予性素喜靜坐，坐久靜極，不惟妄念不起，抑且眞念未萌，心體惟覺湛然，當下更無紛擾，心甚樂之。間以語同志，同志曰：「子不信無善無惡之說，今子久坐靜極，眞念妄念皆未起，卽此可見無眞無妄，非無善無惡之驗耶？」余曰：「心體惟覺湛然，當下更無紛擾，卽此便見有眞無妄，非有善無惡之驗耶？是無善無惡之說之誤，又就自家靜坐之久證之也。此『善』字卽未發之中，卽天命之性，卽心之本體。人之所以異于物者，正在于此。不然，『知善知惡是良知』，何人能知而物不能知耶？又何人能致而物不能致耶？」

## 答陳可績茂才

人心道心不必深求，如一念敬便是道心，一念肆便是人心；一念謙便是道心，一念傲便是人心；一念讓便是道心，一念爭便是人心；一念真便是道心，一念僞便是人心；一念信學便是道心，一念非學便是人心。于此一一察識，便是惟精；一一體驗，便是惟一。察識體驗，純一不已，便是允執厥中，至淺至深，至近至遠。而古今學者多厭常喜新，曲爲解釋，反覺支離葛藤。

## 釋褐後書壁自儆二則

士君子釋褐後不可忘了秀才氣味。凡事讓人一步，凡事儉用一着，便是做人實際，不然貽累不淺，悔之何及。

自己不能寡過，而望人容己，惑也；望人容我，而我不能容人，惑之惑也。必隨事自反，不與人較量，方能拔此病根。

## 師聖侯先生

先生名仲良，字師聖，華陰人，二程先生舅氏，無可之孫，從二程先生遊。人有欲舘先生者，先生造焉，則壁垂佛像，几積佛書，其家人又常齋素，欲先生從之，先生遂行。或問之曰：「蔬食士之常分，若食彼之食，則非矣。」又嘗訪周濂溪，濂溪留之，對榻夜談，越三日乃還，自謂有得，如見天之廣大。伊川驚異其不凡，曰：「非從濂溪來耶？」

## 斛山楊先生

先生名爵，字伯修，號斛山，富平人。初誕時，室中如火光起，人咸驚異之。年二十八，聞朝邑韓恭簡公講理學，躬輦米往拜其門，後遂與楊椒山稱「韓門二楊」。因上封事疏入，人皆愕然，上大怒，拷掠備至，先生一無所詘。是日都城風大作，人面不相覿，都人呼爲楊御史風，其感動天地如此。先生身晝夜柙鎖中，創甚，血淋漓下，死而復甦。先是，士大夫下獄，並未有柙鎖者，乃自先生始，蓋貴溪翊國公郭勛意也。人皆爲先生危，而先生處之自若。刑部郎錢公德洪、工部郎劉公魁、吏科給事中周公怡，皆先生同志舊友，先後俱以事下獄，相得甚驩。然自學問相勸勉外，各相戒不得言得罪事。錢先釋獄，先生願有以爲別，錢曰：「靜中收攝精神，勿使遊放，則心體湛一，高明廣大，可馴致矣。古人作聖人之功，其在此乎。」先生敬識之，而乃日與周、劉切劘修詣，不少輟繹。四子諸經百家，研精于易，著周易辨録及中庸解若干卷。諸所著作，略無憤惋不平語，詩文俱和，身世頓忘，如是者五年。乙巳秋八月十二日，上以受釐，故放先生及周、劉歸田里。復下獄，又三年。丁未冬十一月五日上建醮，高佐殿災，火圍中恍聞呼三人名氏者，次日釋歸爲民。既歸教授里中，貴人莫得見其面。疏粥敝履，怡然自適。己酉冬十月九日卒于家，年五十有七，病革時援筆自誌，又惓惓以「作第一等人，做第一等事」，教其子孫，更無他辭。

南皋先生曰：「學問全要有規矩準繩，離了規矩準繩便不成學問。」以心性爲本體，以誠敬爲功夫，以天地萬物一體爲度量，以從心所欲不踰矩爲極則。一息尚存，此志不容少懈。曾子言自謙，子思言自得，此正是學問實受用處，學者討不得此趣味，縱十分修持，終是外面功夫。

有粹然之養，有卓然之識，有皭然之守，有特然之節，此之謂眞人品。無馳于功利，無墮于玄虛，無溺於辭章，無奪于毀譽，此之謂眞學問。

講學全要平心易氣，切不可忿世嫉俗，以開無忌之門。

砥節礪行之人，多忿世嫉俗；平心易氣之人，多同流合污。只因不知學問，可惜負此美質。

問小人，或曰當容，或曰當遠，未知孰是？曰：論度量，當親君子而容小人；論交與，當敬君子而遠小人；論立朝，當進君子而退小人；論學術，當成君子而化小人。

君子容忍乎小人，恰似小人能待君子；小人忌害乎君子，恰似君子不能待小人。

問良知，曰：「良知聖凡無異，而聖凡之分只在致不致之間。良知是本體，致字是工夫，諸凡如先儒所云：無慾主靜、居敬窮理、復性體、認天理等語皆是致字裏面工夫，非謂居敬窮理與致良知並舉而對言之也。」

非禮勿視，恐其污吾目也；非禮勿聽，恐其污吾耳也；非禮勿言、勿動，恐其污吾口、污吾身也。如此便是無精無粗工夫，當末便是清淨瀟灑世界。

一日暑甚，先生命諸生舉扇，因曰：「夏月天暑，舉扇則暑氣減；冬月天寒，圍爐則寒氣消。是人且能變化天地之氣，顧不能變化自身之氣質，何也？然功夫惟在學問。蓋學問亦猶夏之扇、冬之爐耳。」

先生曰：「人未有不豔慕舉人、進士之名者，不知當顧名思義。要知人與士，其品在我；舉與進，其權在人。故人只要着實立志，做人做士到仰不愧、俯不怍地位，則縱不得舉，何愧于人？縱不得進，何負于士？」

壬戌孟夏，廣陵諸生修候南皐鄒師、九成附姜興伯先生舟北上。師曰：「君老年，果踐此遠涉之約，喜甚。都中有講學，會馮少墟、楊晉菴、高景逸三先生，宜往謁之。」至期詣講所，鄒師、馮師及諸老悉至，序坐久之，歌詩，歌「勝日尋芳」，歌伐木之章。馮師曰：「學者先要變化氣質，從容不迫，毋自滿。假自有受用，且不害事。」又曰：「真正爲己之學，只要收斂身心，向内尋求一個眞頭腦，自然有得。」又曰：「學道原要適用。惟能立則當門定脚，天下一切事境不爲屈撓，此心方把握得定。苟未能權，則一切應用猶有偏執。此適道與立皆可以教人，可以意致，惟權則居易以俟命矣，與時而偕行矣，妙羣龍於無首矣。夫子曰『未可與』者，吾以爲深于與者也。惟學者大著志願，硬着肩頭，深心默識，則學道之初志始不虛耳。諸君共勉之。」

孔子曰：「從心所欲不踰矩。」余以爲只從心所欲便不踰矩，若從耳目所欲便踰矩矣。

楊先生曰：赤子之心，現現成成，只要人識得眞耳。識得卽不失，不識得卽是失。

馮先生曰：赤子純然無知，大人經綸萬變。但此經綸萬變不從純然處得來者，卽是失赤子之心；惟都從純然處出來者，卽不失赤子之心矣。

大鎮曰：經綸萬變之體，赤子本來已具。但赤子未有工夫擴充，而大人則加擴充工夫，所以經綸萬變，卒不失其本來也。

馮先生曰：白沙云「今人忙處古人閒。」愚下一轉語云：「今人（間）〔閒〕[二]處古人忙。」

鍾先生曰：古今人都如是忙，而所以忙處却異。

---

〔二〕「間」：以文意及上下文當爲「閒」字。

鄒先生曰：今人忙一生，只忙一個進賢冠，滿腔俗情纏縛不了，究竟一鄉人而已。以視古人，何啻天壤！因歌云：「茫茫四海人無數，那個男兒是丈夫。」

大鎮曰：丈夫安能獨逃此俗，別求此情！但眼中常要光明，胸次必須擺脫。卽俗而不俗，情得其情矣。

馮先生曰：古人忙處原無奇事，只子臣弟友、庸言庸德之間。此間能盡其道，是謂盡心。今日吾儕羣居于此，自揣無不誠敬，無不盡心者，便是「春風沂水」氣象。故曰：「要識唐虞垂拱意，春風原在仲尼居。」此之謂也。

蕭生問：大學言心不言性，中庸言性不言心，孟子合心性言之。厥義云何？

鄒先生曰：無極而太極。太極是心，無極是性。性者，人生而靜。以上不容說，至於心，則可得而名言之矣。

馮先生曰：「太極」二字見於易，「無極」二字則周子創言之。蓋謂太極之理，無聲無臭云爾，豈太極之前另有無極，判然兩物哉？愚謂性者心所具之理也，未有心而無理者，故大學言心而性卽在是；未有理而不具于心者，故中庸言性而心卽在是。曾子、子思單言之，非遺也；孟子合言之，非贅也。

大鎮曰：書中已明言之，蓋學者之患在自私，而用智自私矣。安得公用智矣，安得順吾儕。反觀此中，不自私則公，不用智則順。

馮先生曰：心本公也，而人故私之；心本順也，而人故逆之。皆起於有我而已；無我則公，無我則順。

又曰：顏子之學只在克己，而克己之功乃在不遷怒，不貳過。夫怒者過也，怒不遷則過不貳矣。定性篇末亦提「怒」字爲戒，所云忘其怒而觀理之。是非「理」字一字，乃學者用功最得力之處。

先生曰：或問孔子是生知安行聖人，何故十五志學？吾答以十五志學，所以爲聖人。我輩四五十尚不知學，孔子十五便志于學，所以是生知安行聖人。又曰：十五志學便志不到踰矩田地，三十、四十、五十、六十、七十總是志學。若不志到不踰矩田地，是志甚麽？如吾出京來便志到家了，只是便走不到，須一步一步走將來。又曰：生知安行，學知利行，困知勉行，總是要學。只是學有難易，如京師報馬到此只走三日便到，豈是不會經過涿州、良鄉、孟津、雒陽，特比他時走爲捷耳？便是顧脚徒步亦只如此經過，卽飛亦須從此經過。又曰：人多言不踰矩，是我每如此便了，惟聖人則從心所欲。此言不是離卻從心所欲，便用檢點，便有不到處，便有踰時。余曰：我每亦是從心所欲不踰矩，只欠純耳。若不從心，卽是皮膚上不踰，便假了。先生曰：然余問何不言規言矩？曰：此是聖人言外之意。矩是方的，人只從圓處做，所以多錯。可見，學問宜從方處做。又曰：人只看矩，可以踰可以不踰。孔子是聖人，故不踰矩；我不做聖人，踰些也罷。不知人之於矩猶魚之於水，原自踰他不得，且不踰則得，踰之則失；不踰則吉，踰之則兇；甚且不踰則生，踰之則死。至爲得失、吉兇、生死所繫，而曰可以踰，可以不踰乎？余曰：此言最儆省。

吉孺問「性相近，習相遠」章，曰：人性皆善，而氣質有清濁純駁，故曰相近，只就善中相近。

## 與史義伯光禄

時事不忍言，亦不敢言，奈何？昔程朱講學，不知道遭多少風波，文公至詆圖爲不軌，尤爲危甚。由今觀之，適成就得一個程朱耳。時隆則道從而隆，時晦則道從而晦。然時有隆晦，道却無隆晦，況晦又所以爲隆乎！不是一番寒徹骨，安得梅花噴鼻香。患難憂戚，人所難堪處，尤不容易放過。隴州有一貢士劉波，敝門人也，有學有行，今爲盩厔司訓，日與諸生講不輟。或有勸非其時者，曰：「吾以盡吾訓導之職耳。他何計焉？」由是諸生益信從之，台丈亦不可不知其人也。

## 與劉澄源司訓

聖賢論學，說朋來之樂，便說「人不知而不慍」。說君子依乎中庸，便說「遯世不見，知而不悔」。說人知之囂囂，便說「人不知，亦囂囂」。今日之事，正遯世人不知之時也，豈敢怨天尤人，惟有點檢自家慍不慍，悔不悔，囂囂不囂囂耳。吾契以爲何如？

## 與張心虞武部

向請教吾輩丁時多艱，正好證驗學問，任他風浪滔天，不改中流砥柱，終自有風恬浪靜時耳。雖然，然猶有所待也。世路自風浪滔天，吾心自風恬浪靜，何快如之！此則又無所待矣。雖然，然止不爲世轉也，縱使風浪滔天，益當同心共濟，又何快如之！此則又能轉世矣。然此一念雖人有疑信，而我無作輟；雖時有語默，而心無斷續。故時當可言，則與千百同志大闡一堂之上，是吾道之幸，斯世斯民之福也，而于此一念無所增；時不可言，則與一二知己密證一堂之內，是吾道之厄，斯世斯民之不幸也，而於此一念無所減。譬之春夏發生，秋冬收斂，而造化生意未嘗斷絕，此天理所以常存，而人心所以不死也。昔人謂正心誠意，上所厭聞。文公曰：平生所學，惟此四字。今人謂講學世所厭聞，不屑亦曰平生所學惟此二字，不知明公以爲何如？

傳曰：「君子修己以敬。」又曰：「小人而無忌憚。」是敬爲君子，肆爲小人，不待辨矣。秦俗明知敬之是，而百方嫉妒之，百方吹求之，使敬者必至於無所容；明知肆之非，而百方狎溺之，百方左袒之，使肆者益至於無忌憚。嗚乎！敬、肆之人無論矣，彼吹求敬而左袒肆者，吾誠不知何心也！

怕人責備，人情皆然，而秦俗尤甚。不知人生天地間，自當明明白白做個眞男子，若徒躲避人言，豈不耽閣〔一〕自己？故必不怕一鄉責備而後可言一鄉之善士，不怕一國責備而後可言一國之善士，不怕千古責備而後可言千古之善士，而後不負此百年見在之身。

〔一〕「閣」意通「擱」。

## 答客問道

晦翁云：龜山言飢食渴飲、手持足行便是道。夫手持足行未是道，手容恭、足容重乃是道也。目視耳聽未是道，視明聽聰乃是道也。不然，桀紂亦會手持足履、目視耳聽，如何便喚做道。晦翁此說極是。而或者乃曰：此正學問一大關鍵處也。夫世有一種恣情任慾之人，冒昧承當，則晦翁之言不可忽。但執定晦翁之言，彼赤子持行而已、視聽而已，不知其他將亦不得爲道乎哉！嗚呼！一則曰而已，再則曰而已，又曰不知其他，不知「他」字何所指，必欲借赤子以抹撥聰明恭重道理。何也？不知聰明恭重道理是天生來，自赤子時已完完全全的，只是尚渾含未露，如何便抹撥得？他如此立論，是又爲恣情任慾者開一自便之門也。聖學迷宗，誤人不淺，因客問而爲四絕以正之。

手足持行原是道，只因恭重少人知。若知恭重天然在，手足持行便莫疑。

飲食尋常原是道，只因正味少人知。若知正味天然在，飲食尋常便莫疑。

赤子安知恭與重，不知恭重已完全。畫前有易君知否？手足持行玄又玄。

赤子安能知正味，不知正味已完全。璞中有玉君知否？飲食尋常玄又玄。

## 國朝從祀四先生贊

### 薛文清公

昭代理學，公獨開先。宗標復性，崇正闢禪。功嚴主敬，履冰臨淵。讀書一録，鄒、魯嫡傳。

## 陳文恭公

聖學迷宗，人心馳騖。靜中端倪，誰能解悟？公也倡之，如寐斯寤，勿助而忘，願言趨步。

## 胡文敬公

聖遠言湮，異學蜂起。惟公之學，中立不倚。録名居業，近裏着己。足繼文清，躬行君子。

## 王文成公

辭章口耳，聖道支離。公排羣議，獨揭良知。致之一字，工夫靡遺。虞淵取日，人心仲尼。

## 寄懷關中書院允執堂諸同志

聖學原來在此中，虞廷允執是參同。危微本體須明辨，精一工夫要渾融。悟後盈眸皆妙理，醒來舉躅盡眞功。自從別我同心後，誰爲區區一啓蒙？

## 依韻和楊晉菴學會自警

斯道中天本大明，祇因博識誤平生。從今洗濯源頭淨，弄月吟風策杖行。
斯道中天本大明，祇因毁譽誤平生。從今勘破人間世，雨霽雲開自在行。

斯道中天本大明，何爲佛學講無生。從今掃却菩提障，庸德庸言努力行。

斯道中天本大明，何爲玄學講長生。從今謝絕金丹訣，古往今來素位行。

## 和王惺所大參首尾一首

莫負男兒過一生，無端寵辱豈能驚？旂常鐘鼎君須任，猿鶴菊松我自盟。學問澈時百感澈，本源清處萬綠清。願言努力加鞭策，莫負男兒過一生。

莫負男兒過一生，蕭蕭白髮使人驚。韶光已往皆成夢，洛社于今喜結盟。華嶽千尋根柢厚，洪濤萬里本源清。相將努力加鞭策，莫負男兒過一生。

## 惺所原吟附

莫負男兒過一生，得之何喜失何驚？皇王事業今無分，童冠春風舊有盟。魚躍鳶飛原自得，秋陽江漢本來清。尋常之外別無事，莫負男兒過一生。

## 誠字銘

出處隱顯，厥惟一誠。可對天地，可質神明。眞實無妄，恬澹寡營。物我同體，寵辱不驚。如玉之振，如金之聲。聖學眞傳，展也大成。

## 敬字銘

出處隱顯，闕惟一敬。可質三王，可俟後聖。曰齊曰莊，惟中惟正。與天合德，與物無競。其平如衡，其明如鏡。聖學真傳，歸根復命。

## 七十自壽 丙寅

年來憶往昔，竊爲此心危。雖幸知學蚤，卻憐見道遲。人生不見道，如瞽倀無之。知學在人力，見道係天資。天資難勉強，人力可驅馳。余資苦愚鈍，余志喜堅持。奈何身多病，荏苒此歲時。今年倏七十，老態儘難支。復值蓼炊臼，我心增傷悲。所以懸弧日，閉門聊自怡。開宴競稱觴，一切謝不爲。非敢博名高，自病自家醫。萬事縱灰冷，一念毋陵夷。太華有青松，商山有紫芝。物且耐歲寒，人肯爲時移。點檢生平事，一步未敢虧。況今已老矣，胡不益孳孳。誰哉我之師，人心有仲尼。考亭嚴主敬，姚江致良知。惺惺葆此念，勿復感多歧。願收桑榆效，百歲以爲期。

## 又

時時危病時時憂，僥倖今年七十秋。自恨生平多罪過，不知何以答神庥。

髫年不幸失椿萱，風木蕭蕭痛何言！自恨生平多罪過，不知何以答親恩。

長楊曾賦對臨軒，入座歸來恥素飡。自恨生平多罪過，不知何以答君恩。

眞傳千古最難窮，幸藉同心爲發蒙。自恨生平多罪過，不知何以答諸公。

## 喜晴

尼山花木正菲菲，一夕狂風落葉稀。多少襟懷都寂寞，挑燈獨坐掩柴扉。

挑燈獨坐掩柴扉，忽報東方日已暉。依舊尼山花爛熳，大家相賞莫相違。

君美楊先生，高陵人，名天德，生平于勢利藐然如浮雲。晚讀大學解，言及伊、洛諸書，大嗜愛之。常語人曰：「吾少時精力奪於課試，殊不省有此。今而後知吾道之傳，爲有在也。」埋沒篆刻中，幾不復見天日，目昏不能視書，猶使其子講誦而朝夕聽之，以是自樂。及有疾，親友往問之，談笑歌詠不衰，曰：「吾晚年幸聞道，死無恨矣。」卒年七十九。

# 關中四先生詠

## 涇野呂先生

涇野呂夫子，矯矯崇正學。挾册遊成均，馬崔同切琢。射策冠時髦，聲華何卓犖！慷慨批龍鱗，封章淩五嶽。講學重躬行，乾坤在其握。吁嗟橫渠後，關中稱先覺。

## 谿田馬先生

卓彼馬光禄，聲望高山斗。弱冠崇理學，平川稱畏友。立朝無多日，強半在畎畝。富貴與功名，視之如敝帚。垂老學踰虛，一步不肯苟。吁嗟如先生，百代名難朽。

## 苑洛韓先生

偉矣韓司馬，造物鍾奇異。讀書探理窟，著作人難企。生平精樂律，書成雙鶴至。立朝著偉節，居鄉譚道義。緊有五泉子，孝弟稱昆季。嗟余生也晚，景行竊自愧。

## 斛山楊先生

挺挺楊侍御，直節高今古。人知直節難，不知學問苦。獄中究理學，周錢日揮麈。歲寒節彌堅，不茹亦不吐。之死誓靡他，淵源接鄒魯。嗟彼虛憍人，敢與先生伍。

默齋張先生，名傑，字立夫，號默齋，鳳翔人。以親老爲山西趙城訓導六年，惟以講學教人益大利爲事。一日，薛文清過趙城，與先生論身心性命之學，文清公嘆服而去。先生之學，由是益深。久之，以養母不出。天順癸未，母棄養，既禫有司勸駕，先生蹙然曰：「吾少也，力學以明道，禄仕以養親。今吾親終矣，而學無所得，尚欲仕乎？」遂不復出，因賦詩自責曰：「年幾四十四，此理未眞知。晝夜不勤勉，遷延到幾時？」益大肆力于學，居恒瞑目端坐，至於移時；起則取諸經子史，朗然諷誦，或至丙夜後已。最愛「涵養須用敬，進學在致知」二語，因大書座右。造詣日深，弟子從遊者日衆。段先生贈詩云：「萬徑千蹊吾道害，四書六籍聖賢心。聖賢心學眞堪學，何用奔馳此外尋？」而先生詩中亦有「今宵忘寢論收心」之句，學者爭傳誦焉。嘗自讚曰：「讀孔孟書，學孔孟事，知有未眞，行有未至。惟日孳孳，以求其所無負也。」其勸勵如此。

段容思先生曰：「學者主敬，以致知格物，知吾之心卽天地之心，吾心之理卽天地之理，吾身可以參天地、贊化育者在于此。必以命世大儒自期，而不可自暴自棄，以常人自居，有負爲人之名。」

段先生贈周蕙小泉先生二詩云：「小泉泉水隔煙蘿，一濯冠纓一浩歌。細細靜涵洙泗脈，源源鼓動洛川波。風埃些子無由入，寒玉一泓清更多。老我未除塵俗病，欲煩洗雪起沉痾。」

「白雲封鎖萬山林，卜築幽居深更深。養道不干軒冕貴，讀書探取聖賢心。何爲有大如天地，須信無窮自古今。欲鼓遺音絃絕後，關、閩、濂、洛待君尋。」

谿田馬先生，名理，字伯循，號谿田，三原人，明弘治人，理學大儒也。立朝有直声，嘗言身可絀，道不可絀，見行可之仕惟孔子能之，下此者須自揣分量可也。仲鳧稱先生愛道甚于愛官，當世以爲確論。性喜接人，又喜汲引後生，年七十歸隱，來學者遠近踵集，縉紳過訪，與海內求詩文者無虛日。先生亹亹應之不倦，山巾野服，鶴髮童顏，飄然望之若仙人。

大吉南先生，字元善，號瑞泉，渭南人。年十五嘗賦詩言懷，有謂予嬰小忽焉，十五齡獨念前賢訓堯舜皆可並之語，後時時請業于王陽明先生，其示弟及諸門人詩云：「昔我在英齡，駕車詞賦場。朝夕工步驟，追踪班與揚。中歲遇達人，授我大道方。歸來三秦地，墜緒何茫茫！前訪周公跡，後竊橫渠芳。願言偕數子，教學此相將。」

蒙泉郭先生，名郛，字惟藩，涇陽人，器宇凝重。童時屹若成人，甫八齡卽知誦讀諧聲律。時從都諫龍山呂公學，偶試以對句云「曉風拂水面」，先生輒應聲曰「朝日射巖頭」。其後安貧樂道，學重根本，篤于倫理而兢兢持敬，自少至老一步不肯屑越。暇中喜吟詩，卓有堯夫擊壤遺意，有云：「學道全憑敬作箴，須臾離敬道難尋。當從獨木橋邊過，惟願無忘此際心。」又云：「近名終喪己，無欲自通神。識遠乾坤闊，心空意見新。閉門只靜坐，自是出風塵。」又云：「莫道老來積德難，古人雖老志不朽。富公八十尚書屏，武公九十猶求友。老來聞道未爲遲，錯過一生寧不忸。從此努力惜分陰，毋徒碌碌空白首。」觀此，則知先生享上壽而完名全節，非偶然矣。

愧軒呂先生，名潛，字時見，涇陽人。嘗謂爲學必不愧屋漏，方可爲人，因取號以自警。先生刻意躬行，遠聲色，慎取予，一毫不苟。而尤嚮於禮，冠婚喪祭咸遵文公惟謹，卽置冠祭器式必如古人，或以爲迂，弗恤也。先是，母柏孺人病于京。先生扶母病西歸，劑醫百至。孺人病革，以先生且弱冠，命之娶，先生娶而不婚，日夜苫處喪事，廬居墓所，服除乃始婚事。至孝之名動關中，事都諫公與繼母張曲盡孝養。都諫公病，至嘗糞以驗，歾則哀毀幾絕。都諫公對事故未留稿，先生走闕下，録原疏請銘馬文莊公，公亟稱之。事叔父，待諸弟，情愛備至，與人交平易款洽，或有過卽面規之，而未嘗背言其短。讀書窮理，涵養本原，至老不倦，卽惡衣糲食澹如也。嘗語學者曰：「先儒有云默坐澄心，體認天理，又曰靜中養出端倪。吾輩須理會得此，方知一貫眞境。不爾，縱事事求合于道，終難湊泊，不成片段矣。」人皆以爲名言。

進伯呂大忠，宋時關西理學大儒也，其弟大鈞，字和叔。丁外艱服除，自以道未明，學未優，曰：「吾斯之未能信。」于是不復有祿仕意。先生爲人質厚剛正，學于横渠張子，又卒業于二程子，以聖門事業爲己任。先生于横渠爲同年友，聞學，遂執弟子禮。時横渠以禮教爲學者倡，後進蔽于習尚，其才俊者急于進取，昏塞者難于領解，寂寥無有和者。先生獨信之不疑，毅然不恤人之非間己也，潛心翫理，望聖賢克期可到。日用躬行，必取先王法度以爲宗範，關中風俗爲之一變。横渠嘆秦俗之化，和叔有力，又叹其勇爲不可及。而程正公亦稱其任道擔當，其風力甚勁云。先生少時瞻學洽聞，無所不該，嘗言始學必行其所知而已，若夫道德性命之際，惟躬行久則至焉。横渠謂學不造約，雖勞而艱于進德，且謂君勉之當自悟。至是博而以約，渙然冰釋矣。尤喜講明井田、兵制，謂治道必自此始，悉撰次爲圖籍，使可見之行，曰：「如有用我，舉而措之而已。」其卒也，范巽之表其墓曰「誠德君子」。又曰君性純厚，易直強明正亮，所行不二于心，所知不二于行，其學以孔子下學上達之心立其志，以孟子集義之功養其德，以顔子克己復禮之用厲其用，要歸之誠明不息，不爲衆人阻之而疑，小辨奪之而屈，勢利刼之而回，知力窮之而止，其自任以聖賢之重如此。當先生卒時，妻种氏治先生喪，一如先生治比部公喪，諸委巷浮圖事一屏不用，子義山能傳其所學，人以爲道行于妻子云。

呂大臨先生，字與叔，號芸閣，大鈞弟。先生學通六藝，尤邃於禮，每欲掇習三代遺文舊制令可行，不爲空言，以拂世駭俗。少從橫渠遊，橫渠歿乃東見二程先生，卒業焉。與謝良佐、游酢、楊時，在程門號四先生。純公語之，以識仁。先生默識深契，豁如也，作克己銘以見意，其文曰：「凡厥有生，均氣同體，胡爲不仁？我則有己，立己與物。私爲町畦，勝心橫生，擾擾不齊。大人存誠，心見帝則，初無吝驕，作我蟊賊，志以爲帥，氣爲卒徒。奉辭于天，誰敢侮予？且戰且徠，勝私窒慾，昔焉寇讎，今則臣僕，方其未克，窘我室廬，婦姑勃磎，安取其餘？亦既克之，皇皇四達，洞然八荒，皆在我闥。孰曰天下，不歸吾仁，癢疴疾痛，聚切吾身，一日至之，莫非吾事。顏何人哉！晞之則是。」始先生博極羣書，能文章，已涵養深醇，若無能者。賦詩云：「學如元凱方成癖，文似相如始類俳。獨立孔門無一事，只輸顏子得心齋。」婦翁張天祺語人曰：「吾得顏回爲壻矣！」而學尤嚴于吾儒異端之辨。富文忠公弼致政于家，爲佛氏之學。先生與之書曰：「古者三公無職事，惟有德者居之，內則論道於朝，外則主教於鄉。古之大人當是任者，必將以斯道覺斯民，成己以成物，豈以爵位進退，體力盛衰爲之哉？今大道未明，人趨異學，不入於莊，則入於釋。疑聖人爲未盡善，輕理義爲不足學，人倫不明，萬物憔悴。此老成大人惻隱存心之時，以道自任，振起壞俗在公之力，宜無難矣。若夫移精變氣，務求長生，此山谷避世之士獨善其身者所好，豈世之所以望于公者哉？」弼謝之。正公嘗曰：「與叔守橫渠說甚固，每橫渠無說處皆有，說了更不肯回。又與叔六月中來緱氏，閒居中，某常窺之，見其儼然危坐，可謂敦篤矣。」又曰：「和叔任道擔當，其風甚勁，然深潛縝密，有所不逮于與叔，其見重如此。朱文公稱其高于諸公，大段有筋骨，而又惜其早死云。」

巽之范先生，三水人，從程、張三先生學。伊川嘗曰：「與范巽之語，聞而多礙者先入也。」橫渠嘗詰先生曰：「吾輩不及古人，病源何在？」先生請問，橫渠曰：「此非難悟。設此語者，欲學者存之不忘，庶游心深久，有一日脫然如大寐得醒耳。」橫渠正蒙成先生序曰：「張夫子之爲此書也，有六經之所未載，聖人之所未言。蓋道一而已，語上極乎高明，語下涉乎形器，語大至於無間，語小入於無。朕一有窒而不通，則于理爲妄。正蒙之言，高者抑之，卑者舉之，虛者實之，礙者通之，衆者一之，合者散之。要之立乎大中至正之矩，天之所以運，地之所以載，日月之所以明，鬼神之所以幽，風雲之所以變，江河之所以流。物理以辨，人倫以正。造端者微，成能者著，知德者崇，就業者廣，本末上下，貫乎一道。過乎此者，淫邪之狂言也；不及乎此者，邪詖之卑說也。推而放諸有形而準，推而放諸無形而準，推而放諸至動而準，推而放諸至靜而準，無不包矣，無不盡矣，無大可過矣，無細可遺矣。言若是乎其極矣，道若是乎其至矣，聖人復起無有間乎斯言矣。其篤信師說而善發其蘊如此。」

段容思詩云：「風清雲靜雨初晴，南畝東阡策杖行。幽鳥似知行樂意，綠楊煙外兩三聲。」論者謂宛有「浴沂氣象」。

愧軒曰：「爲學必不愧屋漏，方可爲人。」

# 跋

宋聯奎等

右鷄山語要，乃清初學使許公孫荃得明鳳翔張心虞先生所著致曲言、明德集二種，經李二曲徵君訂正，改題斯名，合梓以行世者也。迄今二百餘年，關中屢遭兵燹，原刻苦不可得，幸紹興邵公力子開府，秦中藏有抄本，首載許、李兩序，又致曲言原序、自序各一，其致曲言書目下註「節録」二字，殆二曲序中所謂「摘其確且粹者」歟。明德集中頗採馮少墟集中各條。考之當日，先生與少墟同受知於提學許公孚遠，相交最契，採其著述，以資印證，理固然也。馮少墟全集已久裒成巨帙，而先生僅此篇之存。苟非二曲言之於前，許公採訪於後，則理學眞儒幾將湮沒不彰，後之學者安知岐陽在昔尚有先生其人耶？嘗觀朝邑李桐閣所續關學諸人，稱先生在天啟朝有勸聖學、遠宦寺之疏，爲閹黨所忌。又載令鄢陵時，預製軍器若干儲庫，並謂行當有用。後邊事急，以所貯應之精利，爲他邑冠。觀此則先生之學體用兼備，豈第講學而已哉！校既訖，因并書其厓略以誌之。民國二十四年三月校。

長安宋聯奎　蒲城王健　南鄭林朝元

# 附録一

## 軼文

### 辨學録跋

夫謂之學，以學道也。然道一而已矣，而學則多岐焉，故學不可不辨也。明辨之先於篤行也，孔門之正宗也。故卑之而功利也，易辨也；惟高之而寂空也，難辨也。何者？此性命，彼亦性命；此生死，彼亦生死，混之而無別，淆之而不清，非深於聖道者不能析其弊而歸之正。

余少有志於學，中間亦爲異教所溺者數年，近始悟而反之，乃知吾道至足，亦至精也。歲乙巳，至長安訪少墟馮兄，而商正之，遂留余精舍中頗久，日爲辨難，每至夜分，喜而忘倦，其高足弟子亦鱗鱗共集話也。余稍發其端，少墟則大闡其藴，辨虚實、有無、邪正、幾微之介，昭然如明鑒之燭鬚眉不爽也，此非深於道者乎？則其開我之迷，而鼓我之趨者，益誠不淺矣。余别後，少墟乃述其言，次第成篇，共八十一章，傳之宇内，則所以指導來學者，功豈細耶？嗚呼！有志於學者，其尚毋忽於斯言。

友弟岐陽張舜典謹跋。

（少墟集卷一，四庫全書文淵閣本）

## 疑思録序

長安馮少墟篤志洙、泗之學，日取四子書潛而玩之，隨有所得，隨即劄記，久而成編，名曰疑思録。寄音以貽不佞，不佞讀之，亦不能不疑，疑而不能不思也。少墟之疑思録何居？

洪範有言：「思曰睿，睿作聖。」不疑則思不起，不思則不能通微，不能通微而謂之誠，可乎？故知思誠之學起于疑而成於思也，入聖之階也。即夫子亦必四十而後不惑，則四十之前，夫子必疑而思矣。周公思兼三王，其有不合者，仰而思之，則不合而生疑端，周公亦善疑且善思矣。顏子疑于高堅前後，其思亦苦，及聞博約之後，卓爾妙其立境，不可謂非思之有得也。若曾子之問則疑端更多，而思則可知至一貫之印而始涣然冰釋。使當時曾子不疑而不思，即孔子啟以一貫，恐不能神解而一。唯孟子曰：「我四十不動心。」則四十之前心猶動矣，必疑而後動，思而信之，凝之而不動，則孟子浩然之氣亦由此疑思而得之，故曰：「大疑則大悟，小疑則小悟。」若曰即不思之本體而存之無事，思念不必窮索，運水搬柴即爲神通妙用，言則甚易，而證則實難，自謾謾人不淺，吾恐於聖人明善誠身之學無當也。少墟於子書善疑而思之，故有所得以成編，大悟大徹，可知己作聖之功不在兹乎！若不佞亦不能無疑而不能善疑，不能不思而不能善思，不能有所得如少墟耳。且此疑思之義亦精且微矣。

人徒知易以卜筮立教，乃稽疑之典，不知易之卜疑即疑而思之，以求合天則之學也，故曰：「居則觀其象而玩其辭，動則觀其變而玩其占。」參伍錯綜於心而理有定衡，執而守之不難。不然者，疑根〔一〕未破，此心搖搖不如風前之絮乎？何以爲事爲之準？故知易之立教乃擇乎中庸，而明誠之學非徒如世俗卜筮之謂也。少墟之讀四子書，人以爲少墟之善學四

---

〔一〕「根」：萬曆丁巳浙江本、天啓本作「團」。

子，故疑而思之，會而通之。吾以爲少墟之善學，夫易不用卜筮而自有神明之道也。

且今四子書治舉業者舉能言之，海内坊刻幾於充棟，中間亦有當者不當者。然爲舉業而作，則爲文而解其義，不爲身心而求其旨也，雖能疑且思，思而有妙解出，若過於漢之訓詁，吾終以爲得而未得，是紙上之機括，非心中之妙悟。若疑思録者則異於是，是爲德業而作，不爲舉業而設。若舉業則人疑思之可也，何勞少墟疑，疑而思之？易曰：「精義入神以致用也。」是録中多有精義，不佞不能縷細數之，惟在善讀者之自得也。

先是吾鄉端毅王公則有四書意見，文簡呂公則有四書因問，其書皆直接洙泗心傳，不爲訓詁文辭之解知，學者無不宗而主之，今疑思録出，蓋稱鼎足矣。王、呂二先生而後，學其在少墟乎！

萬曆歲次己酉陽月望日，岐陽友弟張舜典頓首拜撰。

（少墟集卷二，四庫全書文淵閣本）

## 祭顧憲成文

先生道高而氣直，學浚而養邃，濂溪圖太極而後人未免生異議，自先生有論而異議息矣；考亭兼知行而過高者則以爲拘滯，自先生有論而考亭知尊矣；文成倡良知而固執者則以爲元虛，自先生有論而文成益信矣。論識仁而識之於當下，則無不明之仁；論體仁而體之於當下，則無不存之仁。蓋先生之學易簡直接而又渾融圓通，可謂紹述濂、洛而直接洙、泗之統者矣。

（顧端文公遺書三十七卷附年譜四卷，四庫全書存目叢書子部第一四册）

## 關學編後序

夫天覆地載，日照月臨，凡有血氣，莫不有性命，而道在焉。道在而由之、知之，則學在也。奚獨以「關學」名也？

關學之編，少墟馮侍御爲吾鄉之理學作也。吾鄉據天下之西北脊，坤靈淑粹之氣自吾鄉發，是以庖羲畫卦，西伯演易，姬公制禮，而千萬世之道源學術自此衍且廣矣。子曰：「文不在兹乎？」又曰：「吾其爲東周乎！」則西方聖人發揮旁通，東方聖人懷而則之，其揆一也。此載在詩、書，無庸復贅。故此編惟列孔子弟子四人、横渠先生而至今，無不考而述焉。故不載獨行，不載文詞，不載氣節，不載隱逸，而獨載理學諸先生，炳炳爾爾也；不論升沈，不計崇卑，而學洙、泗，祖羲、文者，無不載焉。少墟之用心亦可謂宏且遠矣！不然，自張、吕諸大儒而外，如不列於史冊，則堙滅而無聞，後死者惡得辭其責也。書成，人無不樂傳之。然則，是學也，果何學也？誦是編而印諸其心，即心即學，即學即羲、文、周、孔，未見有不得者。奚止論關中之學，即以論天下之學，論千萬世之學可也。

萬曆歲次己酉正月人日，後學岐陽張舜典書於澶淵之闇然亭。

（馮從吾輯、王心敬增輯關學編六卷，清乾隆王氏家刻，嘉慶七年周元鼎增刻本）

## 創修三賢祠碑記

三賢者何謂？燕公伋、郭公欽、段公秀實也。蓋鳳翔乃文、武、周公故墟，而汧陽爲其屬邑封壤，不廣而猶有此三賢生其間，則其地道之靈，不恍然有文、武、周公之遺風在耶？考汧之去魯有數千里而遠，而燕公則聞吾夫子之風，負笈而從之遊，此其識趣之高，依歸之正，出塵凡俗流，固萬萬不侔矣。惜無所考而知其詳，而其爲先師賢弟子顔、曾、遊、夏輩良契友無疑也。今聞鄉有賢者，而尚不能師之、友之，而燕公獨不憚數千里而遊洙、泗之門牆，此其中必有所得更可知也。若郭公，則見漢祚衰而王莽篡，以南郡太守歸而高卧不起，好遁不汙，此其清風不亦冷冷逼人哉？至段公，則所遇之時更阽危矣。當唐德宗播遷，長安失守，而公乃以笏擊叛泚，不免於難死也，至今凛凛猶有生氣，斯不亦勁節烈丈夫哉！然此二公，余以爲若聞燕公之風而興起者。蓋人心必是非明而後趨向正，趨向正而後出處宜，出處宜而後死生當。此學貴講明而立德立節，自照耀千古也。不然，知從師而清忠，豈復尋常人所可能哉！昔夫子以爲殷有三仁，而余以爲汧有三仁可也，皆不忝爲文、武、周公之鄉人，則此三公者，汧不可以無祠。祠成令過者見而思之，自是而不知就正，貪位而不知潔身，偷生而不知取義，其愧死當何如耶？祠初創于前邑侯夏公，馮少墟先生聞而喜之，託高景逸先生爲文以記之。惜夏侯以量移，文未及刊，而諸興作未備茲，邑侯王公繼之，潤色增益，輪奐可觀，記始鎸石。則王侯之政同夏侯之心也，其有關于風教大矣！二公德政自有口碑，而此則見其大端云。夏侯諱之時，王侯諱履亨，皆蜀成都人也。

（清張元璧增續汧陽縣志卷十四藝文志，光緒十三年刻本）

# 附録二

## 張雞山先生集序言

范鄗鼎

先生諱舜典，字心虞，號雞山，陝西鳳翔縣人。萬曆甲午舉人，歷官兵部員外，以魏璫用事，辭疾未赴。享年七十有二。余讀少墟全書而知關中有少墟又有雞山也，讀少墟全書而喜得見少墟不得見雞山也。庚子夏盩厔李中孚徵君寄我雞山要語一册，雖未得見全書，亦竊窺大略矣。其爲學也，蓋得之鞭辟入裏居多。云學至鞭辟入裏可不謂之實學乎？宜乎徵君極力表章，向余稱揚而不能已已。鄗鼎識。

（洪洞范鄗鼎五經堂，清道光五年補刻廣理學備考）

## 雞山張先生

王心敬

先生名舜典，字心虞，鳳翔府人。萬曆甲午孝廉，官終特授武選員外。學者稱雞山先生。自諸生即潛心理學，受知督學德清敬菴許公。敬菴理學名儒也。先生既舉于鄉，迺自歎「斯理不明，世即我用，我將何以爲用？」仍裹糧南從敬菴學，因交江右鄒南皐，常州顧涇陽二先生，其他緣途名儒，往往造訪，以資印證，遂洞見明德識仁之旨。數年歸，則馮少墟先生以侍御告歸，講學長安，當事者爲建關中書院。迺深與訂交，時時商證道術離合異同之故，稱莫逆焉。

蓋少墟恪守伊川、晦菴矩矱，先生則學主明道，以爲學聖人之學而不知以本體爲工夫，最易蹈義襲支離之弊，與馮先生意見微別。然先生心重馮先生之規嚴矩方，而非同執吝意見；馮先生亦重先生之透體通徹，而不類剖籓決籬。故自此，馮先生有述作，多先生爲之序首焉。謁選署開州學正，挺立師道，與諸生朝夕提究四書、五經，外多濂、洛、關、閩之書，不以舉業爲先，或有以非急爲言者，先生喟然曰：「誤天下人才者八股也。且八股，士自急之學博，何容以重誤人才者督之誤乎？況學者苟知聖學爲急，即皋、夔事業，皆將黽勉企及，何有區區八股不加力造耶？」一時擧以配安定蘇湖之教焉，當事者特疏薦授鄢陵令。先生則悉心民瘼，農桑教養，無微不舉，至民間養生送死之具，皆備而貯之，以待貧乏。時承平日久，先生獨製軍器若干，皆令精堅，藏之庫。或訝其故，先生曰：「行當有用。」去無幾，邊事急，果徵軍器于州縣，他州縣皆倉皇莫應，獨鄢陵以預備故，不勞費而應命，精好又獨爲他邑冠，邑人始服先生之先識焉。

當先生之初至鄢也，即創弘仁書院，置經史數千卷，政暇輒與諸生講切道德經濟要略，而要皆歸於仁爲己任之意，以滿吾性之量。蓋即本明道識仁之旨，而會萬理于一源，故書院即「弘仁」題名焉。爲令五年，鄢士民戴若父母，以治最薦陞彰德府同知。先生以佐貳於時事無可措手，而隨俗則又心恥尸素，乃斬然告致仕歸，即家爲塾，與有志士究極學旨，不間寒暑。時少墟先生尚居里第，學會益盛，而先生則主盟岐陽，而從遊亦衆，一時有「東馮西張」之稱，學者尊之，不敢軒輊焉。天啟改元，陞兵部武選員外，先生抗疏力辭。奉旨張舜典前來供職郎官得此，蓋異數也。然當是時魏閹用事勢浸，張先生耳聞心憂，遂復上疏，懇懇以勸聖學遠宦寺爲言，意中蓋指斥有在，遂犯閹黨之忌，因又奉沽名條陳之旨，先生遂堅臥不出，惟日著書講學爲事，年七十三，以疾卒。

晚年所著有明德集、致曲言二書。明德集發明體用一源之旨爲悉，致曲言中間多發明即工夫以全本體之旨，而實發明即本體爲工夫之旨。蓋一生論學不執一成之見，入主出奴，而大旨則歸重明道一脈。故其論教人，每即下學日用繩墨，而指示上達盡性至命之脈絡，不厭諄復也。至生平事功，獨鄢陵五年，所學不究于用，識者惜之。更加從先生學者其人甚衆，以西方風氣之醇茂，兼先生提倡之肫懇，力行實踐，應多其侶，而以地遠代移，紀載無徵，此亦文獻之一憾也夫。

（馮從吾輯、王心敬增輯關學編卷六新增雞山張先生，清乾隆王氏家刻，嘉慶七年周元鼎增刻本）

## 答張雞山

高攀龍

龍每謂姚江之學興而濂洛之脈絶，忽得大教，且驚且喜，不謂濂洛當再復中天。略翫致曲言，已窺見先生一斑，確然聖脈無疑。望先生以身顯道，使天下信其人而信其道，信其道而信濂洛諸君子之道也。有宋大儒，誠明之性明道先生是矣，明誠之教晦菴先生備焉。舊刻呈覽，諸有拙見，邇來正欲録出，當以明年寄正。

（高攀龍高子遺書卷八上，文淵閣四庫本）

## 答張雞山明府

鄒元標

河山異域，真心千古相照，況生同時乎？竊常思西地諸君子有一人挺然而起，即千聖賴之以重光。門下今其人矣，紬繹來教，是不暖暖姝姝，學一先生之言自足者。蓋直欲見宗廟之美，百官之富，故無險不穿，無家不參。宋時諸儒濂溪、明道、象山、慈湖尚已，我明學有兩派：河東純儒也，新會、餘姚則直拈聖學之宗也。諸家語曰「靜中養出端倪」，曰「致良知」，總是止啼法。夫道一而已，惟一一此，惟精精此。辨必了性命之志，徹聞見支離之障。頽然穆然，若不識一字人，如是者久，忽然日開月朗，先聖言皆我心已言者。若何爲良知？若何爲天理？若何爲端倪？可不言而喻矣！學非徒粧點聲色可成者，如食本以求飽，如衣本以禦寒，如講學原以完吾明命。明命未徹，縱模擬極工，隔千山萬水。不肖束髮有志，今老矣，念及全歸一著，汗皇欲死。然路頭曾經踏破，遠承教愛，披肝奉復門下，以爲然否？便中望之肅肅如對。

（鄒元標願學集卷二，文淵閣四庫本）

## 陝西通志　張舜典小傳

張舜典，字心虞，鳳翔人，萬曆甲午舉人。自諸生時潛心理學，受知督學許孚遠。後遊江南，從許講學，因徧交鄒南臯、顧涇陽、馮少墟諸先輩，數年始歸。謁選署開州學正，與諸主朝夕講論，皆朱、程語録，不以舉業爲先。陞鄢陵令，盡心民事，細大必舉，民間養生送死之具皆備而貯之，以貸貧乏。創弘仁書院，與諸生講學，置經史數千卷。爲令五年，鄢士民戴若父母，陞彰德府同知。致仕歸，諸生從遊者常數百人。天啟改元，陞兵部武選員外，上疏勸聖學遠宦寺。時魏閹已用事，典指斥責之，遂罷歸，卒于家。初，舜典之令鄢也，時方承平，舜典忽製軍器若干，皆精好，貯於庫，人咸訝之。及去官後，有邊警，需軍器，縣以舜典所製者應之，獨精利，爲他邑冠，人服其先識云。

（欽定四庫全書陝西通志卷六三儒林傳）

## 鄢陵縣志　張舜典傳

張舜典，字心虞，號雞山，鳳翔人。爲諸生時潛心理學，受知督學許孚遠。後遊江南復從許講學，因徧交鄒南臯、顧涇陽諸公，而於鄉先生馮少墟往來尤密。萬曆二十二年中省試，謁選署開州學正，與諸主朝夕講論，皆程、朱語録，不以舉業爲先。嘗嘆曰：「誤天下人才者，八股也。」陞鄢陵知縣，未任即上三途並用一疏，雅以海，忠介自負，復能明習文法，通於庶務，下車講求民間利病甚悉。念治以教化爲先，每月朔望次日集鄉紳士民講學，首申聖諭，條分縷析，使民易知不犯語次尋繹，因事發端，俾聽者有所省悟。乃新學宫，飾奎樓，漸次庀材鳩工，創建宏仁院，爲講學地。郊外陳太邱祠亦亟修其頹廢，欲以風歷末俗，知所觀感也。制大成樂，選儒生嫻雅者肄習之，春秋兩祭，粢盛牲牷，馨香肥遯，不敢視爲故事。置學田，贍諸生之不能舉火者，於是建社學、建義倉。大都牧民者曰教曰養，舜典籌畫詳盡，細大必舉，民間養生送死之具告備之以待乏，而於士之匪類者揭名屏閒，其人愧匿不敢見。民間子弟好遊遨不以田作爲事者，因事摧折之，使莫不耕稼力田。嘗曰：「知縣知縣，有不知，曷名知縣哉？」各上官每諭屬吏曰：「爲政當效鄢陵。」至於修城隍，樹樓櫓，皆不勞而功成。時承平日久，舜典製軍器若干，皆精好，貯之庫，人或訝之，舜典曰：「行當有用」。去任後邊事孔亟，州縣急需軍器，以所存者應之，精利獨爲他邑冠。舜典固儒者，用經術飾吏事而機神明敏，端尾究竟遇事立見，所區劃布置，雖強幹老吏，無能出其範圍。行之三年，獄無冤刑，邑無盜警，禾黍桑麻，牛羊雞犬，被於郊坰，治邑如家，治民如子。而其德大且遠者，莫如爭福藩莊田一事。萬曆末年，福王之國王，神宗皇帝愛子也，有旨附近州縣各買膏田三百頃，以供王用。當時若懼違旨得罪，噤不敢出一語，則王莊立矣。王莊立，每歲王遣中使收租，其搔擾淩轢，有司莫敢誰何。且立莊則有佃戶怙勢張威，佃戶人人一中使也；亡賴者因緣爲奸，附和羽翼，亡賴者又人人一佃戶也。其播禍地方，不可勝言。舜典於文到之日，即俱詳縣南北皆瀕河，地多汙萊，斥鹵無膏，可答明詔願罷官爲小民請命。上臺重舜典言，事得寢。迨崇禎初年，偏聽周藩，蹩一鄉紳士，緹騎四出，逮巡按、提學、使者，各藩王聲勢震赫，民間破產殞身者無算，始嘆舜典以去就爭立王莊，其慮深而澤長矣。任滿，治行爲天下第一，陞彰德府同知，舜典遂請告歸。離任之日，士民泣不忍捨，送至潼關而返。天啟改元，陞兵部武選員外郎，旋罷歸。年七十二卒。著有明德錄、致曲言、詩文集。

（鄢陵縣志卷十四文獻志，民國二十五年鉛印本）

圖書在版編目(CIP)數據

薛敬之張舜典集/［明］薛敬之，［明］張舜典著；韓星點校整理．—西安：西北大學出版社，2014.10
（關學文庫/劉學智，方光華主編）
ISBN 978-7-5604-3508-4

Ⅰ.①薛… Ⅱ.①薛…②張…③韓… Ⅲ.①薛敬之（1435～1508）—關學—文集 ②張舜典（1557～1629）—關學—文集
Ⅳ.①B248.99－53

中國版本圖書館 CIP 數據核字(2014)第 241844 號

出品人 徐 曄 馬 來
篆 刻 路毓賢
出版統籌 張 萍 何惠昂

**薛敬之張舜典集** ［明］薛敬之 張舜典 著 韓星 點校整理

審定專家 駱守中 責任編輯 馬 平
裝幀設計 澤 海 版式統籌 劉 爭
出版發行 西北大學出版社
地 址 西安市太白北路 229 號 郵 編 710069
網 址 http://nwupress.nwu.edu.cn E－mail xdpress@nwu.edu.cn
電 話 029-88303593 88302590
經 銷 全國新華書店
印 裝 西安華新彩印有限責任公司
開 本 720 毫米×1020 毫米 1/16
印 張 11
字 數 167 千字
版 次 2015 年 1 月第 1 版 2015 年 1 月第 1 次印刷
書 號 ISBN 978-7-5604-3508-4
定 價 40.00 圓